Zu diesem Buch

Margaret Mitchell wurde am 8. November 1900 in Atlanta/ Georgia geboren. Ihr Vater war Rechtsanwalt und nebenher eine anerkannte Autorität für die Geschichte des amerikanischen Südens, in die er auch seine Tochter einführte. Sie wollte Ärztin werden, brach jedoch ihr Studium ab, als ihre Mutter starb. Sie arbeitete mehrere Jahre als Reporterin für ein Lokalblatt in Atlanta, bis ein Autounfall sie zwang, ihren Beruf aufzugeben. Während des langen Krankenlagers las sie viel, nicht zuletzt historische Werke, und begann schließlich 1926 an ihrem umfangreichen Roman »Vom Winde verweht« (rororo Nr. 1027) zu schreiben. 1924 heiratete sie in zweiter Ehe John R. Marsh, einen leitenden Angestellten der Elektrizitätsgesellschaft von Georgia. 1936 erschien schließlich das Buch. Ihr erster und einziger Roman wurde unter anderem mit dem Pulitzer-Preis ausgezeichnet, schlug mit bisher 30 Millionen Exemplaren alle bekannten Auflagenrekorde und wurde mit Clark Gable und Vivien Leigh zum berühmtesten Film aller Zeiten. Die Geschichte der Entstehung dieses Buchs, die Lebensgeschichte der Autorin, Licht- und Schattenseiten ihres Weltruhms erzählt Finis Carr in einem überaus dramatischen Bericht: »Die Margaret-Mitchell-Story«. Am 16. August 1949 wurde Margaret Mitchell abermals das Opfer eines Autounfalls, ein Betrunkener hatte sie angefahren. Fünf Tage später starb sie.

Die Herausgeberin ihrer Briefe, die Journalistin Jane Bonner Peacock, wurde in Blakely/Georgia geboren. Sie ist mit einem Arzt verheiratet und lebt in Atlanta.

Margaret Mitchell

Stolz und unbeugsam wie Scarlett

Briefe an einen Freund

Herausgegeben von
Jane Bonner Peacock

Deutsch von
Charlotte Franke

Rowohlt

Die Originalausgabe erschien 1985 unter dem Titel
»A Dynamo Going to Waste«
bei Peachtree Publishers Ltd., Atlanta
Titel der deutschen Erstausgabe
»Stolz und unbeugsam wie Scarlett«
Margaret Mitchells Briefe
an ihren Jugendfreund Allen Edee 1919–1921
Herausgegeben von Jane Bonner Peacock
Umschlaggestaltung Barbara Hanke
(Foto der Autorin: Archiv ECON Verlagsgruppe)

Veröffentlicht im Rowohlt Taschenbuch Verlag GmbH,
Reinbek bei Hamburg, Mai 1989
Copyright © 1987 by claassen Verlag GmbH, Düsseldorf
Für die amerikanische Originalausgabe:
Briefe Copyright © 1985 Trust Company Bank as Executor
and Trustee under the Will of Stephens Mitchell
Alle übrigen Teile Copyright © 1985 Jane Bonner Peacock
Druck und Bindearbeiten Clausen & Bosse, Leck
Printed in Germany
780-ISBN 3 499 12500 5

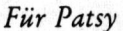

Für Patsy

Danksagung

Die meisten Nachforschungen und Niederschriften für die hier abgedruckten Briefe haben an der Atlanta Historical Society stattgefunden. Dabei waren die Begeisterung und die Erfahrung von Patsy Wiggins eine unschätzbare Hilfe.

Einen tiefen Einblick und viele Informationen verdanke ich Courtenay Ross McFadyen, Margaret Mitchells bester Jugendfreundin, die Patsy in Blue Ridge Summit, Pennsylvania, fand, wo sie heute lebt. Courtenay hatte bis dahin nie über ihre enge Beziehung zu der Autorin des Romans *Vom Winde verweht* gesprochen. Selbst mit einundachtzig konnte sie strahlend lächeln, und ihr Lachen war ansteckend. Sie schrieb ihre Erinnerungen auf, lieh mir ihre Tagebuchnotizen aus der Schulzeit und willigte in ein Tonbandinterview ein. Auch Courtenay McFadyen Leet, ihre Tochter, war freundlich und aufgeschlossen.

Es gibt noch andere, denen zu danken ist. Allen voran natürlich James Philip Edee, der sich mit diesen außergewöhnlichen Briefen beschäftigt und sie veröffentlicht hat. Er war von Anfang an eine große Hilfe.

Ich bedanke mich außerdem bei Eugene und Joseph Mitchell und der Trust Company Bank, die ihre Zustimmung zu dieser Veröffentlichung gegeben haben.

Mein Dank gebührt auch Paul H. Anderson, Dr. Thomas J. Anderson jr., Anne Poland Berg, Faith Brunson, Tom Camden, Robert Caulkins, Ruth Corry vom Georgia Department of Archives and History, Mrs. Augusta Dearborn Edwards, Mrs. Barbara Gerland, Denver D. Gray, Richard Harwell, Dr. Harvey H. Hackson, Mrs. Helen Turman Markey, Harold Martin, Dr. c. L. McFadyen, Mrs. Lethea Turman Lockridge, Mrs. Elizabeth Shewmake McClesky, Dr. William Pressly, Jack J. Spalding, Mr. und Mrs. Willis Timmons jr., Dr. Judson Ward, Ellen Watkins, A. Sigmund Weil und Robert M. Willingham jr.

Vorwort

Margaret Mitchells liebenswürdiges Wesen, das ihre Altersgenossen so häufig erwähnten, von dem aber ihre Anhänger nach der Veröffentlichung ihres Romans *Vom Winde verweht* kaum etwas zu sehen bekamen, spiegelt sich in den freimütigen Briefen, die in diesem Buch veröffentlicht werden.

Sie hat, wie eine ihrer Freundinnen sagte, »die Menschen nie gesucht«, und als sie sich, nachdem sie berühmt geworden war, in ihr Leben drängten, hat sie alles getan, um sich vor neugierigen Blicken zu schützen. Nach ihrem Tod 1949 wurde ihre persönliche Korrespondenz zum größten Teil vernichtet und der Zugang zu anderen Erinnerungen weitgehend eingeschränkt.

Die in diesem Buch abgedruckten Briefe scheinen fast wie von selbst zurückgekehrt zu sein. Sie wurden in Atlanta geschrieben und waren an Allen Barnett Edee jr. gerichtet, einen attraktiven jungen Mann aus Nebraska, den Margaret in Amherst kennengelernt hatte, als sie von 1918 bis 1919 das Smith College besuchte. Nachdem Allen 1919 das College beendet hatte, nahm er eine Stelle in New York an. Margaret kehrte nach Atlanta zurück, um ihrem vor kurzem verwitweten Vater den Haushalt zu führen. Sie schrieb zweieinhalb Jahre lang Briefe an »Al«, vom Sommer 1919 bis zum Dezember 1921, und äußerte sich in ihnen über den Auftakt zum Jazz-Zeitalter, einer Zeitspanne in ihrem Leben, in der sie (wie sie später sagte) »eins von diesen kaltschnäuzigen jungen Mädchen mit Bubikopf und kurzem Rock« gewesen war.

Allen kehrte 1922 in den Mittelwesten zurück, heiratete und übernahm von seinem Vater das Bekleidungsgeschäft in Pawnee City in Nebraska. Die Zeit und die äußeren Umstände veränderten seine Freundschaft zu Margaret, aber die Briefe blieben erhalten. Wir können seine Gedanken nur ahnen, als *Vom Winde verweht* solch einen Erfolg hatte.

Über dreißig Jahre später war Allens Sohn James Philip Edee, nach dem Koreakrieg vom aktiven Wehrdienst zurückgestellt, beim Militärgericht des Generalstabs im Luftwaffenstützpunkt Hunter in Savannah, Georgia, stationiert. Nach Beendigung seiner Dienstzeit 1956 fuhr er zur Hochzeit eines Freundes nach Atlanta. Ihm gefiel die Stadt, und er beschloß, sich dort als Rechtsanwalt niederzulassen. Er hat seinen Vater niemals von Margaret Mitchell sprechen hören. Von den Briefen erfuhr er erst, als seine Mutter — sie hatte sie aufbewahrt — sie ihm zeigte und ihm später, nach dem Tode seines Vaters im Jahre 1975, aushändigte.

1978 erwähnte Jim die Briefe gegenüber Denver Gray, einem gemeinsamen Freund von ihm und mir.

10

Denver war bekannt, daß ich aus dem Archiv der Atlanta Historical Society Briefe zusammenstellte, um sie im *Atlanta Historical Journal* zu veröffentlichen.

Denver rief mich an, und ich benachrichtigte sofort Patsy Wiggins, die für Neuerwerbungen der AHS zuständig ist. Als Patsy mit Jim Kontakt aufnahm, versprach er zu überlegen, ob er der Gesellschaft die Briefe nicht vielleicht zur Aufbewahrung geben sollte. Ob wir sie denn lesen wollten?

Aber ja.

Patsy las gerade den letzten Brief, als ich sie in ihrem Büro aufsuchte. Mit leuchtenden Augen sagte sie: »Das ist der absolute Höhepunkt meiner beruflichen Laufbahn als Archivarin.«

Was mich selbst angeht — also, mich hatte Margaret Mitchell mit ihrem Roman *Vom Winde verweht* schon vor langer Zeit begeistert. Das Buch kam heraus, als ich gerade elf Jahre alt war, eine Südstaatlerin, ein Einzelkind, eine Leseratte. Ich habe *Vom Winde verweht* mindestens zwanzigmal gelesen. Erst später erfuhr ich, daß das Buch nicht einhellig gelobt worden war, aber da war es bereits zu spät. Wie ganze Leserscharen überall auf der Welt war ich schon längst dem Mitchell-Mythos erlegen.

Patsy und ich wollten die Briefe sofort veröffentlichen, und Jim war bereit, die rechtlichen Fragen zu klären. Bei privaten Briefen bleiben die Publikationsrechte nämlich beim Verfasser der Briefe und gehen nicht etwa auf den Empfänger über, und nach dem Tod des Verfassers verwalten seine Nachkommen oder Erben die Rechte.

Es war unwahrscheinlich, daß Stephens Mitchell, Margarets einundachtzigjähriger Bruder und Erbe, die Erlaubnis erteilen würde, eine Sammlung derart freimütiger Briefe zu veröffentlichen. Ich wußte, daß seine Vorstellungen weitgehend mit den Wünschen seiner Schwester übereinstimmten. Die Mitchells waren bereits seit fünf Generationen in Atlanta ansässig, und wenn Margarets Lebensfreude sie auch zu gewissen — für heutige Verhältnisse geringfügigen — Entgleisungen und Abweichungen von den damaligen gesellschaftlichen Konventionen verleitete, so siegte unter dem Druck der Öffentlichkeit in ihr am Ende doch immer wieder die herkömmliche Vorstellung der Südstaatler von damenhaftem Benehmen, die ihr von Kind an anerzogen worden war.

Anfang der zwanziger Jahre erregte sie als »Flapper« im Zeitalter des Jazz bei einigen Angehörigen ihrer Gesellschaftsschicht ziemliches Aufsehen, und dazu kam, daß sie frühzeitig eine unglückliche Ehe mit anschließender Scheidung durchzustehen hatte. Im Dezember 1922 fing sie an, bei der Zeitung zu arbeiten, und schrieb Features für das *Atlanta Journal Sunday Magazine*. Zwei Jahre später heiratete sie John Marsh, der die Anzeigenabteilung leitete. Marsh hatte in Atlanta schon bei zwei anderen Zeitungen gearbeitet, und er und Margaret besaßen nicht nur viele gemeinsame Freunde, sondern auch dieselben Interessen. Ihre kleine Wohnung, die sie »die Bude« nannten, war ein beliebter Treffpunkt für literarisch Interessierte. Ihr Koch war auf die traditionellen Gerichte der Südstaaten spezialisiert, paniertes Huhn und selbstgebackene

Brötchen etwa, aber den entscheidenden Anteil an ihren erfolgreichen Partys hatte Margaret mit ihrem überschäumenden Temperament. Sie hatte einen etwas bissigen Humor und Freude an handfesten Späßen und konnte ausgezeichnet Geschichten erzählen, klar verständlich und geistreich.

Margaret schrieb *Vom Winde verweht* in den ersten zehn Jahren ihrer Ehe mit Marsh, wahrscheinlich zum Teil auch wegen ihrer ständigen Erkrankungen: ein verstauchter Fuß, der nicht besser werden wollte, und eine sich über vier Jahre hinschleppende Gelenkentzündung. Sie war ans Haus gebunden und las alles, was die öffentliche Bibliothek von Atlanta zu bieten hatte, bevor sie schließlich auf Anregung ihres Mannes hin anfing, einen Roman zu schreiben.

1920 hatte sie zu Allen Edee gesagt, sie käme sich vor »wie eine sich langsam entladende Batterie« – im Rückblick eine gewaltige Fehleinschätzung, denn als sich die »Batterie« dann wieder auflud, strömte *Vom Winde verweht* aus ihr heraus, eine Seite nach der anderen, und wurde zu einem der meistgelesenen Bücher der Welt.

Der Roman erschien im Juni 1936 bei Macmillan and Company und verkaufte sich atemberaubend; bis zum Jahresende waren es mehr als eine Million Exemplare. Drei Jahre später kam der Film in die Kinos, der über viele Jahre beliebt bleiben sollte wie kein anderer. Und genauso beliebt ist das Buch geblieben: Bis jetzt sind davon achtundzwanzig bis dreißig Millionen Exemplare verkauft, und es wurde in mindestens dreißig verschiedene Sprachen übersetzt.

Margaret war auf diese Öffentlichkeit nicht gefaßt. An Julia Collier Harris schrieb sie:

Es war ein Schock für mich, ein fürchterlicher Schock. Viele Jahre lang habe ich aus freier Entscheidung völlig zurückgezogen gelebt. John mag diese Art zu leben und ich auch. Uns liegt beiden nichts daran, den Blicken der Öffentlichkeit preisgegeben zu sein, aber was hilft's? Das glaubt mir ja doch niemand ... Ich befinde mich in einer gräßlichen Lage: Auf der einen Seite bin ich das scheue kleine Mädchen, das beharrlich beteuert, nicht im Rampenlicht stehen zu wollen, das aber nur gebeten werden möchte. Und auf der anderen Seite bin ich eine unfreundliche, uncharmante, wenn nicht undankbare Person, die sehr verletzend sein kann und auf die Meinung ihrer Mitmenschen pfeift ... das ist sehr betrüblich für mich. Ich bin so erzogen, daß mir ein Mord nicht so schlimm vorkommt wie unhöfliches Benehmen, und es ist nicht leicht, sich von dem zu befreien, was man als Kind gelernt hat.[1]

Einer ihrer Freunde aus Atlanta, der Autor Harold Martin, erinnerte sich später, daß »an ihr überhaupt nichts gestellt wirkte, nicht die Spur von Unechtheit und literarischer Heuchelei« und daß sie sich nicht »vom Ruhm blenden ließ ... wie so viele andere

1 Richard Harwell, *Margaret Mitchell's »Gone With the Wind« Letters, 1936 – 1949,* Macmillan Publ. Co., Inc., New York, and Collier Macmillan Publishers, London 1976, S. 16.

Schriftsteller... Sie begnügte sich wieder damit, John Marshs Frau zu sein.«[2]

Aber natürlich ließ sich die Zeit nicht zurückdrehen. Eine ganze Lawine von Briefen und Forderungen brach über sie herein; sie mußte sich ein Büro mieten und eine Sekretärin einstellen, um die viele Post zu bewältigen. Ihr ganzes Leben lang verwendete sie den größten Teil ihrer Energie darauf, Briefe zu beantworten und sich gegen Raubdrucke ihres Romans im Ausland zu wehren, gegen Plagiate und gegen die Steuerbehörden, deren Gesetze Schriftsteller nicht gerade gerecht behandeln.

Mit der gleichen Halsstarrigkeit wie ihre recht eigenwillige Heldin Scarlett weigerte sie sich, ins Rampenlicht zu treten, und selbst ihren Verlegern verriet sie ihr Alter nicht:

Mein Alter geht nur mich etwas an, und so soll es auch bleiben... Ich bin noch nicht so alt, daß ich mich meines Alters schämen müßte, und bin nicht mehr so jung, daß ich mein Buch nicht hätte schreiben können, mehr braucht die Öffentlichkeit über mein Alter nicht zu wissen.[3]

Dem Kritiker Herschell Brickell gestand sie im Januar 1937:

Natürlich kann ich nicht umhin, darüber stolz zu sein, daß eine Million Exemplare verkauft wurden,

2 Harold Martin, *Atlanta Constitution*, 19. August 1919.
3 Harwell, S. 97.

und ich danke all den Menschen, denen der Roman gefällt, aber für das öffentliche Interesse an meinem Privatleben und meiner Person bin ich nicht dankbar, und stolz bin ich auch nicht darauf... Ich war schon immer der Meinung, daß ein Künstler einzig und allein nach seiner Arbeit beurteilt werden sollte.[4]

John Marsh, der ihre Scheu vor der Öffentlichkeit verstand und mit ihr teilte, schirmte sie auch nach ihrem Tod im Jahre 1949 weiterhin vor ihr ab. Ihr Begräbnis fand nur im privaten Kreis statt; zu den dreihundert Personen, die eingeladen worden waren, gehörten die Familienangehörigen, die Freunde, einige Geschäftspartner und hochgestellte Persönlichkeiten sowie Bedienstete. Später verbrannte Marsh die meisten ihrer persönlichen Papiere und bewahrte — als urheberrechtlichen Beweis — nur das Rohmanuskript des Romans auf.

Als Marsh drei Jahre später starb, erbte Margarets Bruder und Anwalt Stephens die literarischen Rechte an *Vom Winde verweht,* und auch er trug darüber Sorge, daß ihr Privatleben geschützt blieb. Dabei ging er sogar so weit, das Haus der Mitchells mit den weißen Säulen davor, das in der Peachtree Street 1401[5] stand und in dem Margaret von ihrem elften bis zu ihrem vierundzwanzigsten Lebensjahr gewohnt hatte, zu zerstören. Als er das Anwesen 1952 an einen Immobilien-

---

4 Harwell, S. 109.
5 Ursprünglich 1149 — die Hausnummern wurden später geändert.

makler verkaufte, stellte er die Bedingung, daß das Haus abgerissen würde. Er sagte, es sei Margarets ausdrücklicher Wunsch gewesen. Sie habe nicht gewollt, daß dort eine Gedenkstätte entsteht; und so blieb der Öffentlichkeit selbst der Blick von außen auf das Elternhaus der weltberühmten Autorin verwehrt.

Obwohl die Familie Mitchell die Atlanta Historical Society seit ihrer Gründung im Jahre 1926 stets großzügig unterstützt hatte, hinterlegte Stephens die Briefe und andere Dokumente, die mit der Veröffentlichung des Romans *Vom Winde verweht* zu tun hatten, in seiner Alma mater in Athens, der University of Georgia. Er deponierte dort auch noch weitere Erinnerungsstücke, die sich in seinem Besitz befanden, schränkte ihre Verwendung aber weitgehend ein. Unterlagen, die mit Margrets erster Ehe in Zusammenhang standen, offenbar eine peinliche Angelegenheit für die Familie, wurden vernichtet.

Eine umfassende Studie von Margaret Mitchells Leben wurde bisher noch nicht veröffentlicht, obgleich Finis Farr, die 1965 eine Biographie verfaßte, von Stephens Mitchell die Erlaubnis erhielt, dieses Material einzusehen.

1976 wurde Richard Harwell, einem Freund der Mitchells, Kurator seltener Bücher und Spezialist für die Literatur des Staates Georgia in der Bibliothek der University of Georgia, gestattet, eine interessante Briefsammlung zu veröffentlichen: *Margaret Mitchell's »Gone With the Wind« Letters, 1936–1949*. Diese Briefe an Kritiker, Anhänger und Verleger geben dem Leser einen Einblick in die entwaffnende Persönlichkeit der Schriftstellerin, obgleich Harwell darauf hinwies, daß diese Briefe aus Margaret Mitchells Angst heraus, etwas von sich preiszugeben, möglicherweise »noch zurückhaltender waren, als sie vielleicht selbst wollte«.

Eine kürzlich erschienene Biographie, *Road to Tara*, stammt von Anne Edwards.

Als wir uns 1981 wegen der Edee-Briefe zum erstenmal an Stephens Mitchell wendeten, reagierte er außerordentlich höflich. Aber letztendlich schrieb er, daß »ich mich meiner Schwester gegenüber nicht loyal verhielte ... wenn ich meine Einwilligung gäbe«.

Er war ein strenger Viktorianer und fand die Briefe, so naiv sie in Wirklichkeit sind, schockierend. Nach seinem Tod willigten seine Söhne Eugene und Joseph Mitchell und die Trust Company Bank als Stephens' Nachlaßverwalter in die Publikation ein.

Da die beiden Hauptbeteiligten seit vielen Jahren tot sind, braucht es wegen der Veröffentlichung dieser sehr persönlichen Briefe keine Schuldgefühle zu geben. Allen Edee, dunkelhaarig und liebenswürdig, wird sehr schmeichelhaft beschrieben, ein wenig übermütig, anziehend, intelligent. Und obgleich Margaret sich bemühte, weltmännisch zu erscheinen, verraten ihre Briefe eine Unschuld, wie es sie in unserer heutigen Gesellschaft nur noch selten gibt. Es hat sicher nichts mit Voyeurismus zu tun, daß ihre Briefe hier veröffentlicht sind, vielmehr ist es aus einem Gefühl großer Bewunderung für die junge Frau geschehen, die sich uns dadurch offenbart – eine gehorsame Tochter, aber auch eine Rebellin des Jazz-Zeitalters, eine Idea-

18

listin, aber auch eine mutwillige »Verführerin«. Jung und liebreizend wird sie in ihren Briefen vor uns lebendig.

Jane Bonner Peacock
Atlanta, Georgia

›Stolz und unbeugsam
wie Scarlett‹

Das Atlanta, das Margaret Mitchell in ihrer Kindheit erlebte, Anfang des zwanzigsten Jahrhunderts, war eine ländliche Stadt mit neunzigtausend Einwohnern. Es gab elektrisches Licht, Straßenbahnen und sogar ein paar Autos, aber im großen und ganzen war das Leben hier eher still und beschaulich.

Die Mitchells wohnten in einem zweistöckigen viktorianischen Haus in Jackson Hill, einer Gegend der gehobenen Mittelklasse mit zahlreichen Kindern und Tieren. Margarets Eltern, Maybelle Stephens und Eugene Muse Mitchell, hielten sich im Garten hinter dem Haus eine Kuh, die die Familie mit Milch versorgte. Sie erlaubten Margaret und ihrem Bruder Stephens, einen kleinen Zoo anzulegen: ein Pony, einen Hund, mehrere Katzen, Enten, eine Schildkröte und sogar zwei kleine Alligatoren.

Margaret war ein richtiger Wildfang. Bereits mit fünf konnte sie auf dem Pony reiten. Sie hatte genauso viele Freiheiten wie vielleicht ein Kind auf dem Land und fuhr mit ihrem Fahrrad meilenweit in alle Richtungen. Baseball, Rollschuhlaufen und Schlammschlachten mit den Nachbarjungen gehörten zu ihren Lieblingsbeschäftigungen. Sie und Stephens bauten sich in einer großen Föhre ein Baumhaus, und Stephens erinnerte sich später, daß sie »einen Fahrstuhl mit einem Korb daran bastelten, um die kleinen Katzen zu ärgern, die wir immer darin raufzogen«.[1]

Margaret hatte das Glück, Eltern zu haben, die auch ihre intellektuellen Fähigkeiten förderten. Ihre Mutter, die das Bellevue Convent in Quebec und das Atlanta Female Institute besucht hatte, gehörte in Atlanta zu den Mitbegründerinnen der Bewegung für das Frauenwahlrecht, und sie ermutigte ihre Tochter, ihr Wissen durch Lesen zu erweitern. Margaret begann mit Märchen von Grimm und Andersen, die sie sich in der Gemeindebücherei besorgte, und zu Hause standen ihr historische Bücher und die Werke von Byron, Burns, Scott, Thackeray und Dickens zur Verfügung.

Reisen, wenn auch in bescheidenem Rahmen, gehörten ebenfalls zur Erziehung. Die ganze Familie fuhr mit dem Schiff von Savannah nach New York und Boston, und ihre Ferien verbrachten die Kinder am Meer, in Wrightsville Beach in North Carolina.

Maybelle Mitchell begrüßte die ersten Schreibversuche ihrer Tochter, die laut Stephens »fast im selben Augenblick begannen, in dem sie einen Bleistift halten konnte«, und aus Geschichten und Theaterstücken bestanden. Frau Mitchell hob Margarets Manuskripte in

1 Stephens Mitchell, *The Atlanta Historical Bulletin*, Vol. IX, No. 34, S. 17.

»großen Brottrommeln mit weißem Emailleüberzug«
auf.[2]

Margarets Vater hielt seine Tochter für ein Genie. Er
war selbst sehr erfolgreich; mit seinem Phi-Beta-Kap-
pa-Abschluß an der University of Georgia wurde er
ein prominenter Rechtsanwalt, der in Atlanta viel für
die Bürgerrechte getan hat. Er war Präsident der Atlanta Bar Association und Mitbegründer der Atlanta
Historical Society. Eine Zeitlang war er Vorsitzender
des Atlanta Board of Education. In der Zeit, als er Präsident der Young Men's Library Association war,
konnte der Philanthrop Andrew Carnegie dazu ge-
wonnen werden, eine neue öffentliche Bücherei in Atlanta finanziell zu unterstützen.

1912, kurz vor Margarets elftem Geburtstag, zog die
Familie in ein neues und großzügigeres Haus um, das
weiße Säulen hatte und im Kolonialstil erbaut war. Es
stand auf einem Waldgrundstück in der Peachtree
Street 1149.[3]

Die Kinder fanden in dieser neuen Umgebung auch
neue Freunde, und Margaret schrieb weiter an ihren
Theaterstücken, die in einem großen Raum aufgeführt
wurden, der eigentlich aus mehreren Zimmern im vor-
deren Teil des Hauses bestand, deren Zwischenwände
man abgerissen hatte.

Bis 1914 besuchte Margaret öffentliche Schulen,
dann kam sie ins Washington Seminary, eine elitäre

---

2 Mitchell, S. 23.
3 1926 bekamen die Häuser neue Nummern; das Haus der Mitchells hatte
   ab jetzt die Hausnummer 1401.

Privatschule. Sie war ein sehr natürliches, pummeliges kleines Mädchen und nahm zusammen mit Courtenay Ross, die nicht weit von ihr entfernt in The Prado 47 wohnte, einer ebenfalls verschüchterten kleinen Anfängerin, das Pult Nummer 44 ein. Courtenay war ein Jahr vorher mit ihrer Mutter und ihrem Stiefvater Joseph Pierce Billups, der bei der Atlanta and West Point Railroad arbeitete, nach Atlanta gezogen.

Courtenay sagte, sie und Margaret seien an der Schule wie »siamesische Zwillinge« gewesen. Beide waren sie keine braven kleinen »Damen aus dem Süden«. »Im Baseball waren wir stark. Wir spielten in einer Jungenmannschaft, ich als Pitcher, Peg als Catcher. Wir waren immer mit einem Jungen namens Henry zusammen. Heutzutage würde man ihn als Hippie bezeichnen, aber wir nannten uns damals ›Die drei Dreckspatzen‹, abgekürzt ›D. D.‹. Peg behauptete, die Zeitungen würden alles drucken, aber ich glaubte ihr nicht. Drei Tage später war in der Zeitung eine kurze Mitteilung: Das wöchentliche Treffen des ›D. D.-Clubs‹ fände diesmal im Haus von Fräulein Margaret Mitchell statt.«[4]

Aber sie hatten auch Freundinnen. Margaret und Courtenay gehörten einer Gruppe von Erstkläßlern an, die sich die »Fröhliche Bande« nannte. Im Sommer trafen sie sich im Brookhaven Country Club zum Picknick. Sie besuchten auch einen Nähkurs. Courtenay sagte dazu: »Wir haben ein bißchen genäht und viel gelacht.«

4 Unveröffentlichtes Manuskript, Atlanta Historical Society.

Auch wenn Courtenay Margaret als ein »kleines Dickerchen« und als »Mehlkloß« bezeichnete, war Margaret keineswegs träge. Sie hatte Spaß am Tanzen und besuchte mehrere Tanzkurse. Aber ihre große, wenn auch ziemlich gefährliche Leidenschaft waren immer noch die Pferde. Courtenay schrieb darüber: »Peg hatte ein schweres gesundheitliches Problem: Sie neigte zu Knochenbrüchen. Wir liehen uns ein Pony und einen Wagen. Wir fuhren damit die Peachtree Street hinunter, als das Pony durch irgend etwas erschreckt wurde. Es ging durch und galoppierte auf den Gehsteig, der Wagen kippte um. Wir wurden auf den Gehsteig geschleudert. Ich lag unten, Peg auf mir drauf, trotzdem brach sie sich eine Rippe. Mir tat es hinterher nur beim Sitzen ein bißchen weh. Peg mußte Schnürstiefel tragen, um ihre Knöchel zu schützen.«

Margaret mußte sich in ihrem Leben viel mit Verletzungen und Krankheiten herumschlagen. Stephens sagte, sie habe »zu Unfällen geneigt«, und berichtete von einem bösen Sturz vom Pferd, als sie elf war, und von einem weiteren mit zwanzig. In ihren Briefen an Allen Edee wurde in der Zeit von 1919 bis 1921 eine ganze Reihe Erkrankungen erwähnt: Operationen wegen einer Blinddarmentzündung und Verwachsungen, hartnäckige Grippeerkrankungen, ein Bänderriß, ein gebrochener Fuß und innere Verletzungen nach einem Reitunfall.

Courtenay wies die Möglichkeit, Margaret könne eine Hypochonderin gewesen sein, weit von sich. Sie sagte, ihrer Freundin sei es immer »sehr peinlich gewesen, krank zu sein«. Medizinische Aufzeichnungen gibt es nicht, aber für jemanden, der so klein und zerbrechlich war wie sie (selbst als Erwachsene war sie nur 1,52 Meter groß), muß sie unglaublich leichtsinnig gewesen sein. Auf jeden Fall verbrachte sie unverhältnismäßig viel Zeit damit, sich von körperlichen Mißgeschicken zu erholen. Vielleicht war das sogar ein Glück, denn später einmal hat Margaret gesagt, sie habe *Vom Winde verweht* eigentlich nur geschrieben, um nicht immer an die Vorhersage eines Arztes denken zu müssen, die dieser 1926 gemacht hatte (und die sich als falsch herausstellte): daß sie vielleicht nie wieder würde gehen können.

Auch in den Jahren am Seminary schrieb Margaret weiter Theaterstücke, die sie in ihrem Wohnheim aufführte. In einem Stück über den Bürgerkrieg, das den Titel »Der Verräter« führte, spielte sie selbst die Rolle eines Schwarzen und Courtenay den Schurken. Courtenay erinnerte sich: »Es war für mich nicht weiter schwierig, mir einen grimmigen Schnurrbart anzukleben und lässig eine Kubeben-Zigarette[5] zu rauchen, aber Peg kriegte Ärger. Ihre Eltern waren dagegen, daß sie sich das Gesicht schwarz anmalte, daher trug sie eine schwarze Halloween-Maske. Zur Aufführung wurden auch die Eltern eingeladen. Der Applaus war laut und anhaltend, konnte das Gelächter aber nicht völlig übertonen ...«

Es ist nicht schwer, zu erkennen, warum sich die beiden Mädchen voneinander angezogen fühlten: Sie

---

5 Die getrocknete, unreife Beere eines tropischen Strauchs der Pfefferfamilie, die zerrieben und geraucht wird, früher ein Mittel gegen Katarrh.

hatten beide einen Hang zur Unabhängigkeit und Respektlosigkeit. Als wir auf die Schülervereinigungen zu sprechen kamen, reagierte Courtenay typisch: »Meine Schwester Mary Ross, die drei Jahre älter war als ich, eine hübsche junge Dame mit ihren wippenden goldbraunen Locken und ihrem selbstsicheren Auftreten, wurde natürlich prompt in die Phi-Pi-Verbindung gewählt. Mr. Llewellyn Scott, der Direktor der Schule, betrachtete die Schülervereinigungen nicht gerade mit Wohlwollen, und dadurch wurden sie natürlich stärker, weil sie ›in den Untergrund‹ gingen. Dank meiner Schwester akzeptierten sie mich als Mitglied. Bei der nächsten Wahl schlug ich schüchtern Pegs Namen vor. Aber sie wurde abgelehnt. Deshalb bin ich ausgetreten.«

Margaret hat sich über die Loyalität ihrer Freundin bestimmt gefreut, aber es war für sie keineswegs eine Katastrophe, daß man sie abgelehnt hatte. Finis Farr hat Stephens Mitchell in *Margaret Mitchell of Atlanta* zitiert. Er sagte, daß Margaret »das Washington Seminary nicht gemocht hat«, daß sie »neben Freunden auch Feinde hatte« und daß sie »deswegen sehr verbittert war«.[6]

Courtenay hatte es etwas anders in Erinnerung, sie behauptete, daß sie und Margaret bei ihren Klassenkameradinnen sehr »beliebt« gewesen seien, und wies auf die vielen Ämter hin, die sie in der Klasse und im Klub innehatten.

6 Finis Farr, *Margaret Mitchell of Atlanta*, New York: Wm. Morrow & Co., 1965, S. 38.

Sie sagte: »Es war schon bald klar, daß wir beide keine Schönheitsköniginnen abgeben würden, daher ... engagierten wir uns in der Schulpolitik.«

Das Jahrbuch ihrer Abschlußklasse, *Fakten und Fabeln*, bestätigt Courtenays Aussage. Die beiden Mädchen gehörten der fünfköpfigen Seniorenkonferenz an – einer höchst ehrenwerten Runde von Klassensprechern. Margaret war Sekretärin und Präsidentin der *Washington Literary Society* und des Drama-Klubs; in der ersten Klasse war sie Schatzmeisterin und in der obersten Klasse literarische Redakteurin des Jahrbuchs. Courtenay hatte es ebenfalls zur Präsidentin dieser Klubs gebracht; sie war Sekretärin der untersten Klasse und künstlerische Redakteurin des Jahrbuchs in der obersten. Damals wurde von jedem Mädchen eine Kurzgeschichte ausgewählt und im Jahrbuch abgedruckt. Courtenay fand, daß ihre »scheußlich« gewesen sei.

Während der letzten Schuljahre verwandelten sich die häßlichen Entlein allmählich in Schwäne. Die beiden jungen Mädchen, die eine pummelig und etwas plump, die andere spindeldürr und ein wenig ungelenk, reiften zu hübschen jungen Damen heran.

»Die Jahre verstrichen, Peg verlor ihren Babyspeck, und ich setzte Rundungen an, und Pegs zarte Schönheit wurde allmählich erkennbar. Sie hatte ein tolles Talent, Geschichten über den Bürgerkrieg zu erzählen oder auch phantastische Gespenstergeschichten, so daß die Zuhörer immer ganz hingerissen waren. Dann hatten wir unsere ersten Freunde, richtige Freunde waren das, keine Lackaffen und so, die aber immer pleite zu sein schienen. Sie hatten ständig Probleme, nie ein Auto, und wir machten lange Spaziergänge«, erzählte Courtenay.

Schon im ersten Schuljahr hatten die Mädchen Verabredungen und gingen auf Partys. Und bevor sie 1920 vom Debütantinnenklub in Atlanta offiziell in die Gesellschaft eingeführt wurden, hatten sie längst Einzug gehalten in die Gesellschaft. Einen ihrer ersten gewagten Ausflüge in die Welt der Erwachsenen machten sie, als Courtenays Eltern am 24. November 1916 im Piedmont Driving Club für sie einen Tanzabend veranstalteten.

Am Ende des ersten Schuljahres wütete in Atlanta ein verheerendes Feuer, dem im Zentrum von Atlanta eine Fläche von dreihundert Morgen mit Häusern, Läden und Kirchen zum Opfer fiel. Dabei wurden auch das alte Haus der Mitchells in der Jackson Street, elf Häuser, die Margarets Großmutter Stephens gehörten, und das alte Haus ihres Großvaters Mitchell auf dem Boulevard vom Feuer zerstört.

Margaret ging in den Gemeindesaal, um dabei zu helfen, für die zehntausend obdachlos gewordenen Bürger von Atlanta eine Unterkunft zu beschaffen.

Courtenay machte sich darüber folgende Notizen: »An dem Nachmittag, an dem die schreckliche Feuersbrunst durch die Jackson und Boulevard Street fegte, kamen aus der ersten Klasse nur fünf zum Treffen der Ober- und Unterstufe, und obgleich wir uns Mühe gaben, der Sache auch eine komische Seite abzugewinnen, waren wir doch alle schrecklich nervös – wer würde das nicht sein, wenn er nicht wissen kann, ob sein Haus noch steht oder ob es schon in Flammen aufgegangen ist?«

Im Frühjahr 1917 traten die Vereinigten Staaten von Amerika in den Ersten Weltkrieg ein. Dadurch kamen viele junge Männer nach Fort McPherson in Atlanta und nach Camp Gordon, das damals noch am Stadtrand lag. Margaret und Courtenay halfen beim Roten Kreuz, aber ihr enthusiastischster Beitrag war die Unterhaltung der jungen Soldaten. Sie veranstalteten bei sich zu Hause viele Partys für die Fliegereinheiten. »Zwanglose Tanzabende«, sagte Courtenay, »aber wir hatten unheimlichen Spaß!« Die privaten Klubs in Atlanta zeigten sich ebenfalls dem Militär gegenüber gastfreundlich. Am 4. Juli 1917 fand im Piedmont Driving Club eine Tanzveranstaltung statt, »ein höchst patriotisches Ereignis, bei dem alles«, laut Courtenay, »in Rot, Weiß und Blau gehalten war«.

Von einem der Tanzabende in Courtenays Haus, der am 28. Juni 1917 stattfand, berichtete sogar eine lokale Zeitung. Auf der Gästeliste standen auch Margaret Mitchell und Berrien Upshaw; möglicherweise hat Margaret an diesem Abend den jungen Mann kennengelernt, der ihr erster Ehemann werden sollte.

Berrien Upshaw stammte aus Raleigh in North Carolina und war ein Freund von Courtenay, aber Courtenay hielt ihn für zu labil. Man hatte ihn gerade von einer Privatschule verwiesen, und er war der Überzeugung, ungerecht behandelt worden zu sein. »Er war voller Selbstmitleid«, und es war für Courtenay ein »ziemlicher Schock«, als Margaret 1922 beschloß, ihn zu heiraten.

1917 bis 1918, als die Mädchen in der obersten Klasse waren, drehte sich ihr gesellschaftliches Leben hauptsächlich um die Soldaten in Camp Gordon. Courtenays Eltern luden die jungen Männer immer zum Essen ein, um sie aus der Nähe kennenzulernen. Und wahrscheinlich waren Margarets Eltern ähnlich vorsichtig.

Die Schulzeit ging zu Ende. Und Margaret schrieb in Courtenays Poesiealbum:

> All die Jahre in den Bänken,
> All der Trübsinn – aus, vorbei!
> Was wird uns die Zukunft schenken?
> Leben – wunderbar und neu.

Das Leben, das ihr »die Zukunft schenkte«, war nicht ohne Bitternis. Im selben Sommer noch verliebte sich Margaret in Clifford Henry, einen jungen Leutnant, der in Atlanta stationiert war, ein ehemaliger Harvardstudent aus Sound Beach, Connecticut. In Courtenays Photoalbum findet sich ein verblichener Schnappschuß von Margaret und Clifford im Brookhaven Country Club, auf dem man einen wirklich gutaussehenden jungen Mann erkennt.

Er schenkte Margaret einen Ring aus dem Familienbesitz zum Zeichen ihrer Verlobung, aber noch im Herbst desselben Jahres wurde er nach Frankreich versetzt, wo er kurz vor dem Waffenstillstand bei einem Infanterieangriff auf die feindlichen Maschinengewehrstellungen in Saint-Mihiel tödlich getroffen wurde.

Margaret hatte gerade ihr erstes Semester am Smith

College in Northampton, Massachusetts, begonnen, als sie die Nachricht erreichte. Es war nicht der einzige Schicksalsschlag in jener Zeit. In den ersten Monaten ihres Aufenthalts am College wütete in weiten Teilen der Welt eine Grippeepidemie, und die Studenten des Smith College wurden in den Weihnachtsferien unter Quarantäne gestellt. Im Januar 1919 wurde Margarets Mutter Opfer dieser Krankheit.

In einem eindringlichen Brief, den Finis Farr in ihrem Buch zitiert, ermahnte Mrs. Mitchell Margaret noch kurz vor ihrem Tode: »Dein Vater liebt dich sehr, aber deswegen darfst du dich nicht davon abhalten lassen, zu heiraten, wenn du es möchtest, nur um bei ihm zu bleiben.«

Zu diesem Zeitpunkt dachte Margaret allerdings nicht ans Heiraten. Aber Courtenay begegnete am selben Tag, an dem Mrs. Mitchell diesen Brief schrieb, dem Mann, den sie später geheiratet hat: Leutnant Bernice M. McFadyen aus Fayetteville, North Carolina. Courtenay, die sich entschlossen hatte, in Atlanta zu bleiben und eine Handelsschule zu besuchen, ging an diesem Abend zu einer Tanzveranstaltung im Piedmont Driving Club, die zu Ehren der 45. Infanteriedivision stattfand. Der Leutnant war von ihr so hingerissen, daß er Courtenays Begleiter heimlich wegschickte, damit er sie nach Hause bringen konnte.

Als Margaret zwei Tage später mit dem Zug in Atlanta ankam, war ihre Mutter schon tot.

Courtenay fand, daß Mr. Mitchell »immer ziemlich steif und korrekt« war und daß Stephens »von unserer Existenz überhaupt keine Notiz nahm«. Margarets

Mutter dagegen hat sie sehr gern gemocht. »Margarets Mutter war so warmherzig... Sie war der Mittelpunkt des Hauses. Man konnte mit allem zu ihr kommen.«

Aber Courtenay brachte es nicht über sich, ihrer besten Freundin ihr Beileid auszusprechen; sie sagte, daß sie den Tod von Margarets Mutter nie erwähnt und daß Margaret ebenfalls nie darüber gesprochen habe.

Es wurde beschlossen, daß Margaret am Ende des ersten College-Jahres nach Hause zurückkommen sollte, um ihrem Vater und ihrem Bruder den Haushalt zu führen, und daß sie deshalb ihr Studium aufgeben sollte. Courtenay bewunderte es, wie gelassen ihre Freundin ihrer Verantwortung nachkam; sie sagte, Margaret habe sich kein einziges Mal darüber beschwert, daß sie »das Smith verlassen und zurückkommen und sich um dieses große Haus kümmern mußte«.

Trotz der vielen Schicksalsschläge, die Margaret in dem Jahr, in dem sie am Smith College war, hinnehmen mußte, verlor sie nie die Freude an lustigen Späßen. Eine Freundin erinnerte sich später: »Sie hatte Sinn für Humor und lachte gern – über sich selbst und über andere.«

Da im Smith College nicht genügend Platz war, um alle Studenten unterzubringen, wurden in Northampton mehrere Privathäuser dazugemietet. Margaret wohnte zusammen mit dreiunddreißig anderen Mädchen in einem Haus in der Henshaw Avenue 10, das Mr. und Mrs. Dana Pearson gehörte.

Florence Clinger, eine College-Freundin, erinnerte sich an ein Beispiel für Margarets unfehlbaren Humor. Ein Mädchen, das mit dem Schrei »Ein Mann in meinem Zimmer« im ganzen Haus falschen Alarm geschlagen hatte, erlebte Nächte später den Schreck ihres Lebens: Margaret hatte eine Puppe in Männerkleidung auf ihr Bett gesetzt.

Margarets Freundin Madeleine Baxter erzählte 1954 in einem Interview, daß Margaret im Smith College »Peg« genannt wurde. Madeleine erwähnte auch, daß »Peg« zahllose Verehrer hatte, und sie erinnerte sich noch daran, wie sehr sie sich amüsiert hatten, als sie an dem Wochenende, an dem der Frühlingstanz stattfand, den ganzen Samstagnachmittag »den Mandolinenspielern und Gesangsvereinen zugehört (und getanzt) hatten. Wir Mädchen machten am Ufer des Connecticut Frankfurter Würstchen heiß, aßen Fondant und verlorene Eier.« Margaret trug gern Gedichte vor. Und sie benahm sich auch ziemlich gewagt: Sie rauchte, obwohl es gegen die Regeln verstieß, und einmal verbrannte sie sich die Hand, als sie eine Zigarette verstecken wollte. Ein anderes Mal wollten sie und Madeleine mit zwei Jungen, mit denen sie sich verabredet hatten, in den Mountain Park. Als sie auf dem Rückweg die Straßenbahn verpaßten, fuhren sie per Anhalter. Sie kamen erst nach Mitternacht zurück, und Henshaw Nummer 10 war abgeschlossen, so daß sie an der Regenrinne hinaufklettern und sich heimlich ins Haus schleichen mußten.

Das Frühjahr 1919 war, wie Margaret später einmal schrieb, ausgefüllt mit »Streifzügen, Vorlesungen, lustigen Streichen, Freunden, Feinden, Kämpfen, hartnäckigem ›Büffeln‹ für Prüfungen, Arbeit und ... mit Al«, fügte sie hinzu.

Margaret hatte ihre erste Verabredung mit Allen Edee zu einem Tanzabend seiner Verbindung im Beta-Theta-Pi-Haus in Amherst. Sie war immer sehr beliebt bei den Jungen und lernte eine ganze Reihe von den Ivy-League-Schulen kennen, aber ihre Freundschaft mit Allen Edee war etwas ganz Besonderes für sie. Er war nicht nur ein verständnisvoller Zuhörer, als sie ihm von den Trauerfällen erzählte, sondern er machte sie mit einer unkonventionellen, unbürgerlichen Lebensanschauung bekannt, von der sie fasziniert war.

Allen war zweiundzwanzig, als Margaret ihn kennenlernte. Er stammte aus Pawnee City, Nebraska, wo sein Vater Grundbesitz hatte und ein Konfektionsgeschäft unterhielt.

Robert Caulkin, Sprecher des Amherster Bunds ehemaliger Studenten und ein Beta-Theta-Pi-Mitglied, sagte, Allen habe sich wie so viele andere College-Studenten im letzten Semester in der Rolle eines »östlichen Intellektuellen« gefallen und sich für »ganz schön *cool*« gehalten. Er hatte sich vorgenommen, in einer großen Stadt Geschäftsführer eines Warenhauses zu werden.

Er war eine attraktive Erscheinung. Auf einem Photo von ihm läßt sich das erkennen; fast 1,75 Meter groß, mit dichtem, dunklem Haar, breiten Schultern und einem muskulösen Körper. In Amherst erzielte er »runde Dreier«, gehörte zum Rennläuferteam seines Semesters und sang im College-Chor.

Klar ist auch, daß Allen und Margaret viel zusammen waren. In einem Brief aus dem Frühjahr 1919, der in der Bibliothek der University of Georgia aufbewahrt wird, schrieb Margaret an Virginia Morris, eine Freundin vom Smith College, um ihr von einem ereignisreichen Wochenende auf dem Campus zu berichten, das »Ginny« offenbar versäumt hatte.

Freitag. Gott sei Dank kommt der Glee Club nur einmal im Jahr! In Hen 10 ballen sich Zorn, Enttäuschung, Erleichterung und Hysterie... Wie in einem Rausch werden Augenbrauen gezupft, und das ganze Haus ist voller Geschrei und Gekreisch und rausgerissener Wimpern. Draußen schneit es, und die frischgelegten Locken schwingen sich in luftige Höhen empor.

Sonntag. Ich bin früh aufgestanden und habe Red aufgescheucht. Die Treulosen schlafen den Schlaf der Ungläubigen. Mein Gott, bin ich müde. Der Tanz war großartig ... und Al und ich haben ja längst dieses angenehme Stadium erreicht, in dem Schweigen nichts Peinliches bedeutet. Wir haben uns dort ein bißchen umgesehen. Es wimmelte von Mädchen und Blumen und [Männern] in jeder Größe und nach jedem Geschmack.

Nach seinem Abschluß in Amherst belegte Al einige Kurse an der Columbia University und arbeitete gleichzeitig in der Auslandsabteilung der National City Bank von New York. Nach einigen Monaten wechselte er die Stelle und ging zur American Sugar Refining Company in New York, wo er in der Einkaufsabteilung angestellt war. Im Juli 1919 begann sein

Briefwechsel mit Margaret, die wieder in Atlanta war und sich damit abgefunden hatte, ihr Studium aufzugeben und statt dessen die Rolle einer Hausherrin zu übernehmen.

Das war keine einfache Aufgabe für sie. Annie Elizabeth Fitzgerald Stephens, ihre Großmutter mütterlicherseits, war im selben Sommer ins Haus gezogen, trotzdem erwartete man von Margaret, daß sie nun die Pflichten ihrer Mutter erfüllte, das geräumige Haus führte und mehrere Bedienstete beschäftigte. Ihr Vater hatte vor, sie im darauffolgenden Jahr in die Gesellschaft einzuführen, aber schon vorher traf Margaret Verabredungen und ging zu Tanzveranstaltungen und gab sich nach außen hin ebenso unbekümmert wie ihre Altersgefährtinnen.

1919 verebbte in Atlanta die Begeisterung für das Militär, die den ganzen Krieg über angehalten hatte, und die schätzungsweise 245 000 Menschen, die die Metropole zählte, widmeten sich jetzt mehr dem kulturellen und sozialen Leben. 1919 kam auch die Metropolitan Opera nach Atlanta. Der Debütantinnenklub, den es seit 1911 gab, plante festliche Veranstaltungen, und die 1916 gegründete Junior League faßte immer festeren Fuß in der Stadt.

Der Erste Weltkrieg hatte den jungen Menschen einige Freiheiten gebracht, und die Frauen begannen, ihre viktorianischen Fesseln abzustreifen. Bald tauchten die ersten »Flappers« auf – sie rauchten, tranken und tanzten zu den modernen Jazzrhythmen.

Eine Kusine erinnerte sich, daß Margaret begeistert davon war und daß »ein Teil der Familie es mißbilligte«. Vor allem zu Hause bekam sie das Mißfallen deutlich zu spüren, denn Großmutter Stephens pflegte kein Blatt vor den Mund zu nehmen.

Margaret war ein typisches Beispiel für den Trend ihrer Zeit. Die Zeitungen waren voll von Berichten über Frauen, die Karriere machten, und Ehescheidungen waren auch nicht mehr so selten. Angesichts der Bemühungen ihrer Mutter, den Frauen das Wahlrecht zu verschaffen, muß Margaret es sehr begrüßt haben, als die Frauen von Atlanta im Oktober 1919 zum erstenmal an den Kommunalwahlen teilnehmen durften, ein Jahr, bevor die Änderung des 19. Paragraphen der amerikanischen Verfassung verabschiedet wurde, die den Frauen das allgemeine Wahlrecht garantierte.

Ein Wandel in der Kleidermode lag allerdings noch in weiter Ferne — die Frauen blieben auch weiterhin von Kopf bis Fuß bedeckt. Tagsüber reichten die Röcke bis an den oberen Rand der hochgeschnürten oder -geknöpften Stiefel, auf den Nachmittagspartys, auf denen Satin, Chiffon oder Seide getragen wurde, waren Hüte der ganz große Schlager — breitkrempige Samtschöpfungen, mit Silber- oder Goldfäden bestickt. Den jungen Mädchen wurde geraten, Korsetts zu tragen, die den ganzen Körper bedeckten, »damit die Schultern gestrafft werden und das Zwerchfell klein bleibt«, wie die *Atlanta Constitution* erklärte.

Die Sportkleidung war ebenfalls einengend. Wenn Margaret im Sommer 1919 schwimmen ging, trug sie eine Art »Surfanzug«, ein ärmelloses Kleid aus Satin, Taft oder Samt, mit Kniestrümpfen und Gummischuhen und auf dem Kopf eine Badekappe aus Plüsch.

Offenbar ließ sich Margaret von der modischen Staffage nicht einschüchtern und nahm keine Notiz von den Barrieren, die die Älteren errichtet hatten; um sich und andere daran zu hindern, das Leben zu genießen. Als sie einen Brief von Allen Edee erhielt, beantwortete sie ihn umgehend.[7]

*

Atlanta, Georgia
12. Juli 1919

O Al, Al, Du dümmster aller Dummköpfe! Warum und wieso schreibst Du mir einen Brief und fragst, ob ich Dir »gern schreiben« würde oder ob ich Dich »vergessen« hätte? Ich könnte Dir den Schädel einschlagen! Du weißt doch genau, daß ich, falls Du nach Atlanta kommst, genausogern wieder mit Dir zusammensein werde wie früher, als ich frisch ans Smith kam.

Ich habe Dir an die Adresse geschrieben, die Du mir gegeben hattest, von dem Soundso-Wohnheim. Und dann habe ich mich wochenlang geärgert, weil keine Antwort kam, bis ich den Brief zurückkriegte. Und so habe ich mich in Gedanken schleunigst bei Dir entschuldigt und den Brief an das Beta-Haus in Amherst adressiert — weil das der einzige Ort war, über den ich Dich vielleicht finden konnte. Falls er von dort auch wieder zurückkommt, werde ich ihn Dir schicken.

---

7 In Margaret Mitchells Briefen weisen Orthographie und Satzzeichen Fehler auf, die aber aus Gründen der Deutlichkeit und besseren Lesbarkeit von der Herausgeberin geändert oder behoben wurden.

Also – vergessen und vergeben, n'est-ce pas? Oui, oui.

Ich weiß doch, wie einsam man sich fühlen kann in New York, und wenn man dann lange nichts von seinen Freunden hört, glaubt man gleich, sie hätten einen vergessen. Aber, hör zu, Al, ich habe Dich nicht vergessen, das weißt Du ganz genau. Und ich schwöre Dir, wenn Du mir noch mal so was schreibst wie »falls Du Zeit hast, kannst Du mir ja mal antworten«, dann hörst Du überhaupt nichts mehr von mir. Fast hätte ich geheult, als ich Deinen Brief las, weil ich ganz genau weiß, daß Du Dich auch nach Amherst zurücksehnst. Sicher, Al, es ist nicht leicht, wenn man nicht mit den Menschen zusammmensein kann, die einem am liebsten und vertrautesten sind, aber Du mußt aufpassen, Al, damit Du Dir aus lauter Einsamkeit nicht etwa irgendeinen billigen Ersatz suchst – für das Wahre. Auf die Dauer zahlt sich so was nämlich nicht aus. Entschuldige bitte meinen mütterlichen Rat, aber Du weißt ja, wie's gemeint ist.

Sonntag

Du glaubst bestimmt schon, daß ich Dir nie mehr schreibe, deshalb mache ich jetzt Schluß und schicke den Brief per »Eilboten« los. Hoffentlich weißt Du das gebührend zu schätzen.

Courtenay war gerade nicht hier, als ich ankam, aber »Mac«, ihr Verlobter, hat mich gleich besucht. Er fühlte sich so einsam und verlassen, daß er – zu Großmutters Entsetzen – am liebsten bei uns auf der Türmatte übernachtet hätte. Er ist ein netter Kerl, und ich mag ihn unheimlich gern. Gar nicht so dumm von Court, sich ausgerechnet ihn zu angeln. Aber das wird noch einen harten Kampf geben – weil Mac keiner Job hat und Courts Mutter sich heftigst gegen diese Heirat sträubt.[8]

Wenn Court nicht bis September durchgebrannt ist, geht sie nach N. Y. auf die Kunstschule. Falls ja, mußt Du sie unbedingt kennenlernen.

Vor ein oder zwei Tagen ist sie zurückgekommen, und ich habe sie vom Zug abgeholt. Aber ach! Wie sehr hat sie sich verändert! Al, kannst Du Dich noch erinnern, wie Du mir erzählt hast, daß Du und ein Freund von Dir Euch schrecklich weit voneinander entfernt hattet? Also, Court und ich waren nach diesem einen Jahr fast wie Fremde. Wir verbrachten die ganze Nacht zusammen und versuchten, uns wieder näherzukommen. Wir erzählten uns gegenseitig alles, was in unserem Leben passiert war (mit einigen Auslassungen natürlich), seit wir uns das letztemal gesehen hatten, und alles, was dazu geführt hatte, daß wir uns so sehr verändert haben. Sie war fünf Jahre jünger geworden, ich fünf Jahre älter. Sie schien zu glauben, Du hättest irgend etwas mit meiner Veränderung zu tun! Vielleicht hat sie recht. Aber ich frage mich oft, ob ich Dich auch verändert oder bei Dir überhaupt einen bleibenden Eindruck hinterlassen habe.

---

8 1980 erzählte Courtenay, daß ihre Mutter gegen Bernhard M. McFayden gewesen sei, »weil er sich so mächtig ins Zeug legte«. Er beschloß, in der Armee zu bleiben, und brachte es am Ende bis zum Generalmajor.

Soviel über Court. Mein Leben ist jetzt ziemlich ausgefüllt, denn einen Haushalt zu führen ist ziemlich anstrengend, bis man sich daran gewöhnt hat. Ich bin von morgens sieben bis abends um elf auf den Beinen, aber, Al, es macht wirklich Spaß, wenn man nicht abschlafft. Die Hausangestellten treiben mich buchstäblich zur Verzweiflung mit ihrer ewigen Klauerei – Strümpfe, Kragen und was nicht sonst noch alles. Und ständig müssen sie sich das Maul zerreißen, vor allem, wenn Besuch da ist. Wenn man sie nicht unaufhörlich antreibt, rühren sie keinen Finger außer natürlich, um ihr Gehalt zu kassieren.

Diese Hitze macht mich völlig fertig, Al. Das ist nicht wie die Hitze im Norden – die einen einfach zu Boden streckt. Die Hitze hier ist schleichend und bedrückend, sie nimmt einem jeden Schwung, man will nur noch träge an irgendwelchen schattigen Plätzchen herumlungern. Erst seit ich aus dem Norden zurück bin, ist mir klar, wie sehr das Klima Sitten und Gebräuche der Menschen beeinflußt. Hätte zum Beispiel unser gemeinsamer Freund Don Juan aus Hamp gestammt, wäre sein Leben bestimmt nicht so bewegt verlaufen. Hier bei uns geht alles so schnell. Die Stadt ist in vieler Hinsicht sehr hektisch. Ich glaube, man muß erst mal einen Ort verlassen haben, um ihn richtig kennenzulernen. Ich fand ja immer, daß Du was Südliches an Dir hast, Al. Du würdest bestimmt gut hierherpassen, denn wenn einer je ein südliches Temperament hatte – dann bist Du es. (Das ist als Kompliment gemeint – ich hoffe, Du bist nicht beleidigt.)

Aber jetzt, mein Lieber, habe ich so viel geschrieben, daß ich hoffe, mein langes Schweigen wiedergutgemacht zu haben. Bitte antworte mir bald, und wenn Du irgendwann mal Lust hast, mir zu schreiben, brauchst Du ja nicht erst auf einen Brief von mir zu warten. Dann schreibst Du einfach. Das werde ich auch tun. Und bitte laß mich ganz bald wissen, ob Du noch derselbe bist, Al.

Peg

*

Margaret hatte im August eine Blinddarmoperation. Courtenay brannte am Ende dann doch nicht durch, sondern ging nach New York an die Kunstakademie, wo sie zusammen mit sechzehn anderen Mädchen unter der Obhut von Mrs. Frederick Nole stand.

*

Samstag, 13. September 1919

Al, mein Junge, bereite Dich bitte auf einen dicken Brief vor mit dem Titel: »Der Weg in den Abgrund«, mit Mademoiselle Peggy, dem Vamp de Luxe, in der Hauptrolle. Al, Du hattest recht, als Du sagtest: »Ich fürchte den Einfluß des Südens auf Dich.« Ich bin völlig sicher, daß der Süden daran schuld ist und nicht ich. Im Augenblick würde mich mein wütender Pa zum Beispiel am liebsten in ein Kloster schicken oder mir eine Dosis *Paris Green*[9] verabreichen oder mich in eine mit Seide ausgeschlagene Gummizelle stecken.

Du mußt nämlich wissen, Al, daß es mir in der Woche vor meiner Operation gelungen war, gleich drei Fische an Land zu ziehen. Der eine, dreißig Jahre alt, Südstaatler, mit fünfzehn Jahren praktischer Erfahrung im Kälbereinfangen; der zweite ein unternehmungslustiger Junge, vierundzwanzig Jahre alt, ausgesprochen praktisch und tüchtig; und der dritte, aber keineswegs letzte in der Reihe ein jungenhaft-ungestümer Neandertaler mit neunzehn Lenzen.

Mit Hilfe dieser drei gestaltete sich meine Genesung zumindest tagsüber keineswegs so langweilig wie erwartet. Doch ach! Al! Als ich wieder so weit in Ordnung war, daß ich nach Hause konnte, kriegte Dad natürlich Wind davon. Weißt Du, Al, jedesmal, wenn ein männliches Wesen zweimal hintereinander zu uns ins Haus kommt, kriegt mein Vater Zustände, falls er mein Opfer nicht von klein auf kennt und falls er dessen Stammbaum nicht bis in die Zeit zurückverfolgen kann, in der sich die Angehörigen unserer eigenen Familie noch an ihren (bitte entschuldige, aber es ist so) Schwänzen im Baum neben der Familie des Betreffenden geschaukelt haben. Also: Der Stammbaum von Nummer eins war ein regelrechter Dschungel. Nummer zwei hatte überhaupt keinen vorzuweisen, da er erst seit zwei Monaten in Atlanta ist; und Nummer drei hielt Pa für nicht weiter gefährlich, weil er noch so jung war.

9 Ein hellgrünes Insektizid aus Arsen und Kupfer.

Es gab also einen Krach darüber, wer ins Haus kommen dürfe und wer nicht. Also wirklich, Al, ich hatte absolut keine Heiratsabsichten, bei keinem von den dreien, aber als Vater und Großmutter mir pausenlos in den Ohren lagen, daß ich mir »mein Leben ruiniere«, da hatte ich es satt und schwor ihnen einen heiligen Eid: daß ich mit dem ersten Mann, der mich haben will, davonlaufen würde, wenn sie mich nicht endlich in Ruhe ließen mit meinen Freunden. Große Bestürzung! Schock! Verzweiflung! Kaltes Grausen! Seitens der Mitchells! Ein Kloster wäre genau das richtige für mich, meinte Vater. Aber Steve (der Gute!) erklärte, ich sei ein derart perverses Wesen, daß ich, dem Adlerblick der Familie erst mal entronnen, bestimmt unverzüglich mit einem Müllmann auf und davon ginge, nur um sie zu ärgern. Vater entschied sich für das geringere, aber sicherere Übel. Und so bin ich noch hier. Ich bin immer noch sehr schwach und werde bestimmt einen Monat lang nicht tanzen gehen können, und Tennis spielen und reiten und schwimmen darf ich erst wieder nächsten Sommer. Im Augenblick liege ich also einfach nur so herum, um »neue Kräfte« zu sammeln, und bemühe mich, den Frieden zu wahren. Endlich ist es mir auch gelungen, den Neandertaler wieder auf sein College zu schicken. Mit dem war es nämlich wirklich schwer, und ich war echt froh, als er endlich die Stadt verließ. Er hatte achtzehn Monate in Frankreich verbracht, und seine Attacken waren so direkt, daß man einen Schreck kriegen konnte. Ich warte nur, bis ich wieder gesund bin, um mich in neue Schwierigkeiten zu stürzen. Es hat keinen Sinn, sich was vorzumachen, Al, ich habe festgestellt, daß es immer Ärger gibt, wenn Männer im Spiel sind. Na schön, soviel zu meinem leichtfertigen Lebenswandel. Ich werde noch eine ganze Weile ohne Zaum und Zügel sein, mein Kleiner, Du brauchst mich also nicht zu fragen, ob ich verlobt war. Ich bin es nicht, und ich werde es auch nicht sein, jedenfalls nicht so bald. Keine Versprechungen, keine belastenden Zugeständnisse und eine klare, eindeutige »Anti«-Haltung. Vorsicht ist die Mutter der Porzellankiste. Ich weiß genau, was Du jetzt sagst, Al – daß ich eines Tages auf die Nase fliegen werde, aber da irrst Du Dich gewaltig.

Nein, Al, ich werde nicht mehr ans Smith College gehen, jetzt, wo der September vor der Tür steht und sich die Blätter färben. Ich sehe es direkt vor mir, wie die Mädchen in Hamp ankommen mit ihren Koffern und Schachteln. Ach! Wie ich das alles vermisse! Tagsüber der Haushalt und abends Flirten, das ist nicht schlecht, aber ich vermisse die kameradschaftliche Atmosphäre und die Dummheiten und überhaupt, »daß immer was los ist«. Ich fürchte, für mich ist die Schulzeit vorbei. Ja, natürlich weiß ich, daß ich eine bessere Ausbildung brauche und daß ich viel Unfug anstelle und daß harte Arbeit und Diszplin mir unglaublich guttun würden, aber leider ist es eben nicht möglich. Der Himmel weiß, was einmal aus mir werden soll.

Ich mache mir manchmal Sorgen, wenn ich daran denke. Überhaupt gibt es eine ganze Menge Dinge, worüber ich mir Sorgen machen müßte.

Also wirklich, dieser Brief ist ein einziges Geplapper über Männer, Männer, Männer, und ich langweile

Dich bestimmt zu Tode, aber Du wolltest ja unbedingt wissen, was ich so alles getrieben habe. Ach, Al, immer wenn ich in einer schrecklichen Klemme stecke, muß ich an Hamp denken und an unsere Treffen und die herrliche, friedliche Stimmung und alles! Warum bin ich nicht als stilles, sanftes Geschöpf zur Welt gekommen, anstatt immer nur Unruhe zu stiften?

Die Adresse von Courtenay Ross ist 85. Straße Nr. 353 bei Mrs. Frederick Nole. Es wäre schön, wenn Du sie besuchen könntest, sie wollte Dich unbedingt kennenlernen. Und ich hoffe, daß sie Dir genausogut gefällt wie mir. Bestimmt möchte sie auch Deinen »Künstlerfreund« kennenlernen. Frag sie noch mal.

Ich weiß überhaupt nicht mehr, ob ich noch zu was tauge, Al. Im Haus geht alles drunter und drüber, seit ich krank bin. Und manchmal glaube ich, daß ich hier nie wieder rauskomme. Aber irgendwann sehen wir uns bestimmt wieder, und ich bin mir ganz sicher, daß ich dann *nicht* »mit irgendeinem Schwachkopf am laufenden Band Kinder produziere«, wie Du so gemein vorausgesagt hast.

Was machen Deine Augen? Sind sie wieder völlig in Ordnung? Grüß bitte Walter Bayer[10] von mir, wenn Du ihn siehst, und auch Deinen ehemaligen Zimmergenossen. Wie gefällt es *dem* denn in New York?

Schreib bald, vite-vite, wie ich.

Deine alte
Peg

*

10 Ein guter Freund und Verbindungsbruder von Al aus New York.

Ende September hatte sich Margaret von ihrer Operation erholt und konnte an einer der großartigsten Feiern teilnehmen, die je in Atlanta stattgefunden haben. Im Oktober genossen die Einwohner von Atlanta ein nostalgisches Fest zum Gedenken an den Krieg zwischen den beiden Staaten. Die Zeitungen berichteten ausführlich von den Vorbereitungen, dem Programm und den zahlreichen gesellschaftlichen Ereignissen, die im Rahmen des großen Kongresses stattfinden sollten, der von den *United Confederate Veterans*, den *Sons of Veterans* und der *Southern Memorial Association* gemeinsam veranstaltet wurde.

Die Stadt sah einem Ansturm von ehemaligen Kriegsteilnehmern mit ihren Verwandten und Freunden und all den hochgestellten Gästen entgegen und reagierte auf die klassische Art der Südstaatler — sie stellte vielen Besuchern Privatquartiere in ihren Häusern zur Verfügung. Außerdem wurde im Piedmont Park vorübergehend ein Zeltlager errichtet, das nach Joseph E. Johnston, dem berühmten General der konföderierten Truppen, benannt war und in dem tausend Veteranen Platz fanden.

Das Treffen begann am Dienstag, dem 7. Oktober, im Auditorium Armory[11] mit Ansprachen, Berichten der Komitees und Orchestermusik. Die Kriegsteilnehmer wählten ihre Vertreter und verabschiedeten mehrere Resolutionen, darunter auch die Forderung an die Regierung der Vereinigten Staaten, den Soldaten der

11 Das Auditorium, das achttausend Sitzplätze hatte, wurde 1909 an der Ecke Courtland und Gilmer Street errichtet.

Konföderierten eine Rente zu zahlen, und zwar »wegen der Tatsache, daß die Regierung der Vereinigten Staaten nach Beendigung des Krieges unrechtmäßig Baumwolle im Wert von 86 Millionen Dollar konfisziert« habe.

Am Abend des 8. Oktober fand im Piedmont Driving Club zu Ehren der Frauen der Kriegsteilnehmer, der Söhne und Frauen der *Sons of Veterans* und der Damen der *Southern Memorial Association* ein großer Festball statt. Die Zeitungen berichteten, daß mehr als eintausend Paare, die »Creme der Südstaaten-Society«, ergänzt von »High-Society-Schönheiten aus dem ganzen Süden«, an den Festivitäten teilnahmen.

Zu diesem riesigen Aufgebot gehörte auch Margaret, die »Geschichten vom Krieg« schon immer fasziniert hatten und deren Großväter väterlicher- wie auch mütterlicherseits für die konföderierten Staaten gekämpft hatten.[12] Sie gehörte zu den jungen Mädchen, die als Ehrendamen zur Begleitung und Unterhaltung der ehemaligen Soldaten ausgewählt waren.

Am 9. Oktober fand im Auditorium ein weiterer prächtiger Ball statt. Aber der große Saal war so überfüllt, daß die jüngeren Besucher »in die Taft Hall ab-

12 Der Vater ihrer Mutter, Capt. John Stephens vom 9. Infanterieregiment von Georgia, war 1863 an die Buchhaltung des Hauptquartiers des Generalkommissars abkommandiert worden. Ihr Großvater väterlicherseits, Pvt. Russell C. Mitchell, der dem 1. Infanterieregiment von Texas angehörte, wurde in Sharpsburg, Maryland, verwundet und kam ins Institute Hospital, ein Armeekrankenhaus in Atlanta, wo er gesund gepflegt wurde.

wanderten«, in der die Musikband der University of Alabama »alten und neuen Jazz« spielte.

Am nächsten Morgen fuhr Margaret in die North Avenue, um die früheren Frontkämpfer zur großen Parade abzuholen, die in der North Avenue ihren Anfang hatte und sich in südlicher Richtung über die West Peachtree zur Peachtree Street, dann über Whitehall bis zur Trinity Avenue bewegte und »von dort in entgegengesetzter Richtung durch die Whitehall und Peachtree Street bis zur Abzweigung Iva Street marschierte. Dort war sie zu Ende.«

An dem Umzug nahmen Vertreter der Armeen von North Virginia, Tennessee und des Trans-Mississippi-Departments teil wie auch Abordnungen aus West Virginia, North Carolina, South Carolina, Maryland, Arkansas, Texas, Oklahoma, Missouri, Florida, Alabama, Mississippi, Louisiana und Kentucky. Unter den zahlreichen Musikbands, die mitmarschierten, befanden sich auch die von der Fulton High School, dem Georgia Institute of Technology, der Auburn University und der Georgia Military Academy.

*

12. Oktober 1919
Atlanta, Georgia

Lieber alter Al, fast hätten unsere diplomatischen Beziehungen vor etwa zwei Wochen, als ich diesen absolut abscheulichen Brief von Dir erhielt, einen ernsthaften Knacks abbekommen. Ich habe Dir darauf geantwortet – o ja! Das habe ich getan! Und wie! Fast hätte ich Dir sogar per Einschreiben geantwortet, aber dann habe ich meine erzürnten Gefühle gerade noch rechtzeitig in den Griff bekommen und drei üble Schimpftiraden, die ich schon zu Papier gebracht hatte, wieder zerrissen. Aber dann traf – völlig unerwartet – Dein zweiter Brief ein, und mein sanftes Wesen gewann wieder die Oberhand, und heute (mein erster freier Tag seit Beginn des Konföderiertentreffens) werde ich Dir einen richtig schönen dicken Brief schreiben. Doch zuerst will ich Dir erklären, warum ich mich so geärgert habe.

Erinnerst Du Dich noch, wie ich in den schönen, längst verflossenen Tagen im letzten Frühjahr, als ich zu einem Spiel nach Amherst rübergekommen war und wir zum Beta-Haus zurückgingen, sagte, daß ich nach Greenwich[13] fahren wolle? Und da hast Du mit einem etwas amüsierten Lächeln erwidert: »Aha! Also nach Greenwich willst du? Wohl um dir eine Million zu angeln, was, Peggy?« Oh! Da war ich vielleicht wütend! Ich hätte Dich in Stücke reißen und Deine Gebeine über den ganzen Campus verstreuen können – damit sie völlig ausbleichen! Und mit Deinem Brief jetzt, da ist es mir ganz genauso gegangen. Du tatest so, als wäre ich *nur* nach Atlanta zurückgegangen, um mir irgend so einen armen Kerl zu schnappen, der zwar zwanzig Jahre älter ist als ich, zum Ausgleich jedoch ein dickes Bankkonto besitzt. Hör zu, Al Edee!

13 Sie besuchte ihre Tante Mrs. Edward Morris in Greenwich, Connecticut.

Ich sage es Dir jetzt ein für allemal, daß ich, nur weil ich nicht mehr aufs College gehe, noch lange nicht zu heiraten gedenke. Das werde ich nämlich nicht! Ich bin nicht verlobt, und ich habe auch nicht die Absicht, mich zu verloben, weil es mir viel zuviel Spaß macht, mit Männern zu flirten. Und was die Geldheirat betrifft, auf die Du angespielt hast, mein Lieber, dazu kann ich Dir nur sagen: »Zu *der* Sorte Mädchen gehöre ich nicht, und überhaupt!« Ach, Al, Al! Das hat mich am meisten getroffen. Ich dachte, Du würdest mich besser kennen. Du weißt doch ganz genau, daß ich viel lieber mit einem jungen Mann, den ich liebe, in Armut leben würde, als mit einem Mann, der mich mit seinen Millionen gekauft hat, in einen Palast zu ziehen. Ach du liebe Zeit, das hört sich alles so dramatisch an! Das haben wir doch früher nicht nötig gehabt, oder? Aber bevor ich mit meiner kleinen Strafpredigt fertig bin, möchte ich Dir noch sagen, daß Du Dich über meine »nette kleine« Karriere in Atlanta gar nicht lustig zu machen brauchst. Als ich Dir damals an dem Abend auf dem Capen Campus Lebewohl gesagt habe, habe ich Dir versichert, daß ich, wenn ich in den Süden ginge, das altmodischste Mädchen in der ganzen Stadt sein würde und daß ich genau *das* Mädchen sein würde, das »die dort« gern heiraten. Und Du darfst mir ruhig glauben, mein Guter, daß ich das bin und daß ich damit viel Erfolg habe. Ich habe Dir doch gesagt, daß ich mich niemals lange mit einem Mann aufhalten werde, bis der Mann kommt, den ich heiraten will, und daran habe ich mich bis jetzt auch immer gehalten. Ach, Männer! Männer! Ihr macht mich manchmal richtig krank, weil Ihr einfach nicht an die Anständigkeit der Mädchen glaubt und sie daher immer gleich auf die Probe stellen müßt. Ich weiß, Du magst vielleicht Grund haben, mir zu mißtrauen, mein Lieber, trotzdem hast Du unrecht! Männer scheinen nicht zu begreifen, daß sich ein Mädchen aus einem Mann — oder vielen Männern — etwas machen kann, mit ihnen flirten, zu ihnen zärtlich sein, sie verwöhnen kann und sich trotzdem nicht lange mit ihnen aufzuhalten braucht — wenigstens den Yankees scheint das nicht in den Kopf zu wollen! Jetzt habe ich mich aber genug darüber ausgelassen, daß ich »nicht zu *der* Sorte Mädchen gehöre, und überhaupt«; außerdem langweilst Du Dich bestimmt schon zu Tode. So höre ich jetzt auf.

Dienstag

Ich muß diesen Brief jetzt endlich losschicken, sonst schreibst Du mich noch endgültig ab. Aber am Sonntag tauchten plötzlich meine Verwandten aus Jacksonville[14] hier auf, und ich fand einfach keine Zeit, den Brief fertigzuschreiben. Ich muß Dir auch noch erklären, warum ich so lange gebraucht habe, um Dir zu schreiben. Wir hatten hier in Atlanta das Kriegsteilnehmertreffen, und ich war eine *Ehrenjungfrau des Staates Georgia*. So daß ich mich pausenlos auf Bällen herumtrieb, mich von den »alten Herren« herum-

---

14 Die Familie von Mrs. Morgan Gress, Margarets Tante mütterlicherseits.

schwenken ließ, mir ihre »Geschichten aus dem 61er Jahr« anhörte und sie bei den Paraden herumkutschierte und so weiter und so fort — bis am vergangenen Sonnabend alles vorüber war und der Doktor mich ausschimpfte, ich sei eine dumme Person, und mir zwei Wochen Ruhe verordnete. Aber das Kriegsveteranentreffen war wunderbar, Al, und die »Vets« waren einfach toll. Bei der letzten Parade hätte ich fast geheult, weil die »sich rasch lichtenden grauen Reihen« neben den Männern von Camp Gordon so ungeheuer mutig wirkten; sie schienen völlig vergessen zu haben, daß wir nicht mehr im Jahr 1861 sind, als sie den Männern von Übersee ihre Lügen über die »siegreichen Schlachten« von Bull Run und Gettysburg auftischten. Alle Debütantinnen der Stadt kurvten mit einem Wagen voll »Vets« durch die Gegend oder mit einem an jedem Arm, und jede gab sich große Mühe, ihnen alles so schön wie möglich zu machen.

Al! Fast wäre ich in dieser Woche nach Hamp gekommen. Ich war zur Delegierten von Georgia gewählt, um an der Smith-Tagung teilzunehmen, und war ganz versessen darauf, zu fahren, aber meine Familie war absolut dagegen. Sie wußten, daß ich drei Tage in Hamp bleiben und mich dann nach New York absetzen würde, um mir ein paar schöne Tage zu machen. Sie wußten genau, daß sie mich sechs Monate oder so nicht zu Gesicht bekämen, wenn ich mich erst mal aus ihren Krallen befreit hätte. Außerdem hatten sie mich auch schon von einem dunkelhaarigen, faszinierenden Don Juan reden hören, der in der großen Stadt lebt, und in ihrem übergroßen Mißtrauen waren sie überzeugt, daß ich durchbrennen würde, und natürlich geriet der kleine Al zusammen mit einigen anderen ebenfalls unter Verdacht. Aber im Frühjahr komme ich bestimmt in den Norden, Al. Vier Smith-Mädchen aus Atlanta fahren nach Hamp, und ich fahre auch. Und dann werde ich in N. Y. Zwischenstation machen und Courtenay, Virginia[15] und Dich besuchen. Apropos Court: Ich habe seit über einem Monat nichts von ihr gehört und weiß daher gar nicht, wie Du ihr gefallen hast. Ich wünschte, ich hätte Dir nicht an einem schönen dunklen Frühlingsabend ihre gesamten Liebesgeschichten anvertraut, aber damals hätte ich mir auch nie träumen lassen, daß Du ihr je begegnen würdest. Ja, sie ist noch immer verlobt, und das Regiment ihres Auserwählten ist jetzt in Camp Dix stationiert. Aber falls Du Court magst, brauchst Du Dir deswegen keine Gedanken zu machen — daß sie verlobt ist, meine ich —, und falls Du Dich in sie verliebst, mach Dich ungeniert an sie ran, vielleicht stichst Du sogar Captain Mac aus! Ich lege einen Schnappschuß bei — und morgen schicke ich Dir ein ganz großes Photo —, *bitte*, schick mir auch eins von Dir, ein großes, Du hast es mir versprochen.

Ach, Al, ich wünschte, Du wärst hier! Ich sitze auf einem Kissen vor unserem großen offenen Kamin. Im Haus herrscht völlige Stille, weil außer mir alle schon im Bett sind, und ich sehne mich so sehr nach dem Freund, der für mich das Leben erst lebenswert ge-

15 Die New Yorkerin Virginia Morris Nixon, eine von Margarets Zimmergefährtinnen am Smith College, ist im März 1978 verstorben.

macht hat, im vergangenen Frühjahr, als ich so traurig und unglücklich und noch so klein war.

Würde es Dich stören, wenn ich gesagt hätte, daß ich heirate?

Peg

*

21. Oktober 1919
Atlanta, Georgia

Mein lieber, guter, alter Al, weißt Du, daß es schon schrecklich spät ist? Es muß fast zwei Uhr sein, wenn nicht später. Mein »Verehrer« ist schon seit Stunden weg. Seit halb elf ungefähr, und seitdem habe ich an Courtenay geschrieben, den Kühlschrank geplündert und ein uraltes, aber heißgeliebtes schwarzes Samtkleid wiederentdeckt, von dem ich gar nicht mehr wußte, daß ich es noch besitze. Ich war der festen Überzeugung, daß ich es schon vor Jahren der Köchin geschenkt hätte. Ich schwelgte in süßen Erinnerungen an die verheerenden Verwüstungen, die es in seinem Land im letzten Krieg von 1917 bis 1918 angerichtet hat, während ich mir überlegte, wie ich es umändern und wiederherrichten könnte. Ich glaube bestimmt, daß es Dir gefallen würde, Al, selbst in seinem jetzigen Zustand. Aber ach! Schatten der Vergangenheit! Es ist kürzer, als die Pariser Mode es derzeit erlaubt, völlig gerade geschnitten und ganz eng — der wahre Vamp! Der gute alte Fetzen! Du kannst Court fragen. Ich bin sicher, daß sie sich daran erinnert, weil sie damals genau so eins hatte. Wenn Du sie darauf ansprichst, wird sie Dir vielleicht eine herzzerreißende Geschichte erzählen – warum wir diese Kleider nicht mehr angezogen und Anno dazumal, am 10. März 1918, zu ihrer wohlverdienten Ruhe weggehängt haben. (Das Datum stimmt genau, weil ich es mir in meinem Tagebuch notiert habe!) Als wir uns dazu entschlossen, waren zwei zukünftige Priester anwesend (sie haben uns dazu überredet).

Die Familie ist schon vor Ewigkeiten ins Bett gegangen, und außer »Jazz«, der kleinen Katze, die mit der Abendzeitung spielt, rührt sich nichts im ganzen Haus. Sogar das Feuer brennt langsam herunter, weil ich zu faul bin, Kohlen nachzulegen. Ich bin froh, daß Du weggegangen bist von der Bank, wenn es Dir nicht gefallen hat, Al, vor allem, wenn Du in der neuen Stellung mehr Geld bekommst. Ich finde, es hat keinen Sinn, krampfhaft an etwas festzuhalten, das einem nicht liegt. Ich wünsche Dir nur, daß Du am Ende etwas findest, das Dir gefällt und Dir nicht langweilig wird.

Ich muß jetzt ins Bett, Al, weil ich merke, daß ich nur noch vor mich hin plappere. Dabei wollte ich Dir eigentlich von all den Problemen erzählen, mit denen ich mich gerade heftig herumschlage – und bloß ein Weilchen mit Dir plaudern –, aber Du weißt ja, daß man mich nicht beim Wort nehmen kann, wenn ich müde bin. Bestimmt zerreiße ich den Brief morgen früh wieder. Aber da es ganz neues Papier (vielmehr Briefpapier) ist, wäre es schade. Also dann, gute Nacht, Al.

Ich glaube, ich leide an Schlaflosigkeit, mein Junge. (Wenn ich Lust habe, nenne ich Dich »mein Junge«. Ich fühle mich ziemlich alt für mein Alter. Und in einer Woche oder so werde ich schon wieder ein Jahr älter. Es gibt also keinen Grund, über die mütterliche Form meiner Anrede irgendwelche frechen Bemerkungen zu machen.) Aber um beim Thema zu bleiben: Ich verzeihe Dir die üblen Motive, die Du mir unterstellst, weil ich nach hier zurückgekehrt bin, aber ich bedaure es sehr, daß Du einfach nicht fähig bist, die wahren Gründe für den Abbruch meines College-Aufenthalts zu verstehen. Debüt! Großer Gott, Al! Als ich vom College abging und damit ein für allemal meine Träume von einer Karriere als Journalistin aufgab, um wieder nach Hause zu kommen und meinen Leuten den Haushalt zu führen und den Platz meiner Mutter einzunehmen in der Gesellschaft, war das so ungefähr die einzige selbstlose Tat, die ich je in meinem Leben begangen hatte. Das war für mich, als müßte ich alles, was mir jemals etwas bedeutet hatte, aufgeben – für nichts! Für ein schnellebiges, gehetztes Dasein in einer Umgebung, die mir gar nicht besonders liegt. Ein Debüt! Pah! Unsinn! Nein, mein Lieber! Ich habe diesen schicksalsschweren Schritt nicht getan in diesem Jahr, denn ich war in Trauer und außerdem sehr krank. Manchmal kommt mir der Gedanke, mich als shimmytanzende Debütantin vor der Öffentlichkeit zu produzieren, komisch vor, denn ich habe keinerlei Heiratsabsichten. Ach, Al! Aber diese Gesellschaftsspielchen

sind *wirklich* unheimlich interessant! Männer zu beob-
achten und kennenzulernen, ist furchtbar spannend,
glaube mir. Und ich kann jetzt schon viel besser mit
ihnen umgehen als im letzten Jahr. Dafür habe ich
auch Dir zu danken, mein Lieber, denn von Dir habe
ich viel über den Charakter der Männer erfahren, und
wie oft hast Du mir in einem unbedachten Moment
der Vertrautheit so manchen unbezahlbaren Einblick
in die männliche Psyche gewährt. Dank also demjeni-
gen, dem Dank gebührt! Ich habe einen ziemlich an-
strengenden Tag hinter mir und bin völlig fertig. Wie
üblich bin ich mal wieder mit meiner Familie aneinan-
dergeraten − das schreibe ich Dir aber morgen. Jetzt
muß ich ins Bett, um gewappnet zu sein für die nächste Schlacht und auch um einigermaßen ordentlich aus-
zusehen, weil ich morgen auf eine Hochzeit gehe. Also
nochmals, bonsoir, chéri, jusqu'à demain.

Demain − Donnerstag − 8 Uhr abends

Mein liebes Herz, ich bin gerade von der Hochzeit zurück und noch ganz aufgewühlt. Weißt Du, daß es
nichts Aufregenderes gibt als den Augenblick, in dem
hinter den Palmen hervor der Ruf »Hier kommt die
Braut« ertönt und der Hochzeitszug, angeführt von
zwei hysterischen blumenstreuenden Kindern, mit
grimmiger Entschlossenheit hereinstolziert kommt.
Der Bräutigam ist ganz benommen vor Schreck und
wird von dem Brautführer mit leisen Flüchen ange-
spornt, Haltung zu bewahren. Natürlich sieht die
Braut wunderschön aus wie vielleicht nie wieder in ih-

rem Leben, und alle flüstern: »Ist sie nicht reizend?« Irgendwie bringen sie die hektische Vorstellung dann hinter sich, und dann bekommt die Braut von allen einen Kuß, und in dem ganzen Durcheinander bringt es der Brautführer fertig, sämtliche Brautjungfern abzuknutschen. Danach schlagen sich alle mit Unmengen unverdaulichem Zeugs den Bauch voll und machen noch ein paar Bemerkungen wie zum Beispiel: »Eine wirklich schöne Hochzeit!« Und: »Was sie wohl an ihm findet?« Und dann gehen alle wieder nach Haus.

Du lieber Himmel, manchmal braucht man bei Hochzeiten ehrlich Nerven wie Stahl! Ich muß auf Hochzeiten immer weinen — aus schierem Entsetzen bei dem Gedanken, daß es sich um meine eigene handeln könnte! Dort, auf dem »Altar der Liebe«, erneuere ich jedesmal mein Zölibatsgelübde!

Mein lieber Al, über meine Bemerkung, daß Du »Captain Mac [vielleicht] ausstechen« kannst, brauchst Du Dich wirklich nicht aufzuregen. Wenn Du in Deinem Gedächtnis forschst, wirst Du Dich vielleicht daran erinnern, daß Du mich mal gefragt hast, wie Du bei Court wohl abschneiden würdest, und ich gab Dir damals zur Antwort, daß Du nicht die geringste Chance hättest, wenn sie Dich erst mal im Visier hat. Wirklich, ich wage mir kaum vorzustellen, in welcher Verfassung sich wohl der Skalp von meinem kleinen Al befinden mag, wenn ich im Frühjahr in der Großen Stadt eintreffe! Aber bitte, halte doch eine kleine Ecke in Deinem Herzen für *mich* frei, mein Schatz! Großer Gott — das muß am Grammophon liegen, das Steve angestellt hat, daß ich plötzlich so sentimental werde;

er hat gerade »Bis wir uns wiedersehen« zu Ende gespielt und jetzt das herrliche alte Stück aus dem *Blue
Paradise* aufgelegt, »Auf Wiedersehen« – Du weißt
schon:

Then calm all your fears and dry all your tears –
Love shall remain when all else shall wane –
Guiding me on thru the years –
Auf Wiedersehen! Auf Wiedersehen!

Hört sich ein bißchen an wie »Wisch die Tränen fort,
und freu dich des Lebens –«.

Natürlich auch auf die Gefahr hin, daß Dir das gar
nicht gut bekommt, Al, muß ich zugeben, daß ich
Dich wirklich unheimlich vermißt habe. Siehst Du, ich
kann völlig frei und offen sein mit Dir – warum, weiß
ich auch nicht, das war schon immer so bei Dir – wie
bei keinem andern. Vielleicht lag's einfach daran, weil
Du immer solche – irgendwie – »europäischen«, fast
bohemienhaften Gedanken über das Leben hattest, so
daß es gegen Deine Überzeugung gewesen wäre, mir
gegenüber den Intoleranten zu spielen, was für Ansichten ich auch von mir gab. Manchmal frage ich
mich, wenn ich mir einige Deiner Ansichten über »das
Leben, den Tod und das große Danach« und natürlich
über »die Liebe« ins Gedächtnis rufe – dann frage ich
mich, ob Du immer so denken wirst oder ob sie nur
die Auswüchse eines eigentlich nicht normalen, unna-
türlichen Lebens waren, das wir damals am College
führten, beeinflußt von unseren Professoren, von ver-

schroben Zimmergenossen und Freunden und von den unzähligen Büchern, die wir wahllos verschlangen. Wenn letzteres zutreffen sollte (was ich glaube — zum Kuckuck, ich könnte wetten, daß Du jetzt die Stirn runzelst), dann erholst Du Dich bestimmt wieder davon, jetzt, wo Du losgezogen bist, um Deinen Mann zu stehen in dieser Welt. Eine Deiner Lieblingstheorien über die Moral hat mich immer schrecklich genervt — und nur deshalb hast Du sie mir ja auch bei jeder Gelegenheit aufgetischt. Das war Deine griechische Philosophie von der Unmoral, die in allen destruktiven Dingen steckt, und vom Guten, das in allen kreativen Kräften steckt. Du liebe Zeit, wie oft habe ich deswegen schon geschäumt vor Wut! Dieses Thema hat mich unheimlich beschäftigt, denn es stand in völligem Gegensatz zu meiner puritanischen Erziehung.

Entschuldige — aber mein »Rendezvous« ist eben eingetroffen.

Später (in den stillen Stunden der Nacht —
genauer: 2 Uhr früh)

Mein »Rendezvous« ist wieder fort. Ich war ganz aufgeregt seinetwegen, denn nachdem ich mich mit ihm verabredet hatte, erfuhr ich, daß er in dem Ruf steht, mindestens so schnell zu sein wie ein Rennwagen, und machte mich schon auf allerhand gefaßt. Aber entweder ist alles nur Erfindung, oder er versucht, mir was vorzumachen, oder er nimmt Rücksicht auf mein Alter ... ich kenne seine Vergangenheit nicht, und er will mir meine Illusionen bewahren, aber jedenfalls würde ich ihn als einen besonders vertrauenswürdigen jungen Mann bezeichnen. In dieser Hinsicht erinnert er mich ein bißchen an Bob Caulkins[16]. Dottie Taylor[17] hat mir mal anvertraut, daß Bob zu den unschuldigsten und harmlosesten Jungen gehörte, die sie je zu verführen beschlossen hatte. Wie ihn das ärgern würde! Auf jeden Fall bemüht sich dieser Knabe, einen guten Eindruck zu schinden und seine Vergangenheit in Dunkel zu hüllen. Ich mache mich also ganz klein, reiße unschuldig die Augen auf und warte ab, was passiert.

Aber um auf das Thema zurückzukommen, über das ich mich gerade erging, ehe ich so rüde unterbrochen wurde. Vor allem auf Deine byronschen Ansichten über die Liebe. Die ich, wie ich gestehen muß, schon immer mit einigem Mißtrauen betrachtet habe, mein Lieber. Irgendwie hat mir Deine gewagte Behauptung, daß man intensiv leben muß, um das Leben richtig kennenzulernen (jawohl, ich kann Dich sogar noch fast wörtlich zitieren), nie so recht behagt, und begriffen hab' ich sie auch nicht ganz. Aber obgleich ich in diesem einen Punkt nicht Deiner Meinung war, stelle ich immer wieder fest, daß bei anderen Themen, bei denen es nicht so sehr um Don Juan und die Liebe geht, ein wenig von dem, was Du mir gepredigt hast, bei mir hängengeblieben ist. Ich kann Deinen Einfluß

16 Robert S. Caulkins aus Cleveland, Ohio, ein Verbindungsbruder von Al.
17 Dorothy Miriam Taylor ging nach 1952 an die Alumnae Association des Smith College »verloren«.

auf meine Weltanschauung gut erkennen, kann aber darin auch kleine Dellen entdecken. Allerdings sind es nicht sehr viele. Wenn ich an unsere langen Auseinandersetzungen und Streitgespräche und Diskussionen denke, weiß ich, daß es gut war, jemanden zu haben, mit dem ich mich auseinandersetzen konnte, auch wenn meine heutige, leicht zynische Einstellung ganz bestimmt darauf zurückzuführen ist. Aber zum Glück hatte ich auch damals schon meine irgendwie stoische Lebenshaltung entwickelt, so daß ich kein völlig unerfahrenes und unbelesenes kleines Kind mehr war, denn ich könnte mir vorstellen, mein Lieber, daß Deine bolschewistisch-byronschen Ansichten für ein stark unerfahrenes Mädchen bestimmt nicht sonderlich zuträglich wären, wenn es ihnen ständig und derart massiv ausgesetzt wäre. Ehrlich, Al, ich hoffe, Du hast Dich ein ganz klein bißchen gebessert! Ich habe in dem Jahr, in dem ich von zu Hause fort war, eine Menge gelernt — über Mädchen und Männer und Bücher und über Leben und Leid —, so daß ich, als ich nach Hause zurückkam, an einer akuten geistigen Entzugserscheinung litt. Als ich so lange im Bett liegen mußte, habe ich über vieles nachgedacht und Ordnung in meine Gedanken und Ideen gebracht. Danach habe ich mich fünf Jahre älter gefühlt. Eines schönen Tages, Al, werden wir uns irgendwo zusammensetzen (aber nicht auf der Steintreppe eines fremden Hauses) und wieder einen herrlichen Streit anfangen.

Ich muß jetzt aufhören, weil ich gar nicht mehr weiß, was ich schreibe. Ich betreue an diesem Wochenende Direktor Neilson[18] vom Smith College, der zur

All-South Smith Rally in den Süden kommt. Ich werde Dir in meinem nächsten Brief darüber berichten. Das war jetzt aber wirklich ein ziemlich hektischer Allerweltsbrief, und ich kann nur hoffen, daß Dich meine Abschweifungen nicht langweilen, aber nach Mitternacht war ich ja noch nie besonders zurechnungsfähig. Bitte schreib mir ganz schnell, so wie ich. Ich sitze seit Tagen an diesem Brief –

Wie immer Deine Peg

*

15. November 1919

Lieber alter Al,
ich sitze da und schäume vor Wut. Heute abend, acht Uhr, findet im Club einer der größten Debütbälle der Saison statt – eine Gala mit Diner und Tanz. Jetzt ist es bereits halb neun, und mein Begleiter (den ich in meinem Leben noch nie gesehen habe) rief gerade an, um mir mitzuteilen, daß er demnächst hier eintreffen wird. Herr im Himmel! Was glaubt der wohl, wer er ist? Ich weiß überhaupt nicht, was ich sagen soll. Außerdem finde ich unpünktliche Menschen ein Greuel. Die haben kein Recht zu leben. Erdrosseln sollte man sie gleich bei ihrer Geburt!

18 William Allan Neilson hielt vor dem Southern Club des Smith College am Sonnabend, dem 25. Oktober, in der Egleston Hall eine Rede. Am selben Abend wurde für ihn im Haus von Eugene Mitchell ein Empfang gegeben, bei dem Margaret die Gastgeberin war. Mrs. Mills B. Lane, Präsidentin des Southern Club, und Mrs. Frank Neely, Vorsitzende des Veranstaltungskomitees, unterstützten sie dabei.

Der Himmel bewahre mich vor noch so einem Ball wie dem gestrigen. Wir haben uns wirklich toll amüsiert! Du mußt wissen, daß es in diesem besonderen Club nur ganz wenig junge Männer gibt, tatsächlich war keiner unter fünfundvierzig dort. Und erst das Wrack, das mich dorthin geschleppt hat! Der war vierzig, mein lieber Al, und geschieden und wahnsinnig in eine andere verknallt. Der Abend war noch gar nicht weit fortgeschritten, da stürzte er sich auch schon auf die alkoholischen Erfrischungen. Davor hatte er auch nicht gerade hinreißend getanzt, aber das war noch nichts gegen das, was dann kam – wie ein lebendig gewordener Hampelmann ist er herumgehopst, anders kann man es nicht nennen.

Würdest Du mir bitte *irgend etwas* über Court schreiben oder sie bitten, mir ein Telegramm zu schikken? Ich habe ihr per Einschreiben geschrieben, telegraphiert, Nachtbriefe geschickt, aber absolut nichts von ihr gehört. Ich mache mir große Sorgen, genauso wie eine ihrer Flammen namens Allen,[19] der bei uns in der Bibliothek seine Zelte aufgeschlagen hat und darauf wartet, etwas von ihr zu erfahren. Bitte laß mich wissen, wie es ihr geht, Al, und sag ihr, daß ich, wenn sie nach Hause kommt, um sich operieren zu lassen, doppelt so nett zu ihr sein werde, wie sie es zu mir war (und das ist wirklich viel versprochen!), und ich werde »allen anderen entsagen und nur ihr treu ergeben sein«.

19 Laut Auskunft von Courtenay: Allen Whitaker.

Als man mich aufgeschnitten hat, saß Court bereits an meinem Bett, noch bevor ich aus der Narkose aufgewacht war, weil sie — vergeblich — gehofft hatte, daß ich meine innersten Herzensgeheimnisse ausplaudern würde, wie es manche Leute tun, wenn sie aufwachen. Ich werde also ebenfalls bei ihr sein und Händchen halten und Fragen stellen. »Was hältst du von Al Edee?« Die Antwort kriegst Du postwendend per Telegramm.

Hast Du dieses schreckliche Bild erhalten? Jetzt muß ich aber unbedingt »aller au lit«, wie es im guten alten Paris heißt. Mach Dich darauf gefaßt, daß ich diesen Brief morgen abend als völliges Wrack zu Ende schreiben werde. Ich muß nämlich für irgendwelche Wohltätigkeitszwecke eine Bridge-Party mit vierhundert Teilnehmern organisieren, und schon der Gedanke daran macht mich völlig fertig. »Eitel — es ist alles eitel.« Nacht.

18. November

Dein Brief ist angekommen — ich habe mich so darüber gefreut. Ich freue mich immer über Deine Briefe. Sie sind die einzige Verbindung zwischen mir und einem Kapitel in meinem Leben, das so völlig anders war als der Rest meiner »kurzen, aber verblaßten Karriere«. Weißt Du, Al, manchmal habe ich das Gefühl, als wäre ich nie von Atlanta weg — und in den Norden gegangen. Und wäre ich dadurch nicht so völlig anders geworden, hielte ich alles nur für einen Traum. In Deinem letzten Brief fragst Du, wie's mir geht — ob ich mich wohl fühle, glücklich bin und ob ich genügend Interesse für Dich aufbringen kann, um Dir zu schreiben, wie's mir geht. Zu letzterem, liebster Al, kann ich Dir nur sagen, daß ich mich sehr lebhaft an Dich erinnere und daß ich schon immer mit Dir reden konnte. Und dann wolltest Du noch wissen, ob ich glaube, daß Du Dich nicht dafür interessierst, *wie* ich Dir schreibe. Na und, tust Du's? Ich kann natürlich nicht wissen, wie meine Briefe auf Dich wirken oder welche Erinnerungen Du an mich hast. Auf jeden Fall muß ich mit jemandem reden, lieber Al. Es tut mir leid, daß Court eine Blinddarmentzündung hat, aber ich würde mich wirklich freuen, wenn sie nach Hause käme, damit ich jemanden habe, mit dem ich reden kann.

Körperlich geht es mir ganz gut, Al. Ich habe zwar wegen meiner Operation nicht viel zuzusetzen, doch allmählich komme ich wieder zu Kräften. Aber sonst: »Es stimmt nichts, Allen. Nichts stimmt.« Damit meine ich, daß ich so unglücklich bin, wie ein Mensch überhaupt sein kann, ohne wahnsinnig zu werden. Ich weiß, das hört sich ein bißchen seltsam an, aber trotzdem trifft es beinahe zu.

Du wirst fragen, warum — aber das ist es ja gerade: Ich weiß nicht, warum. Ich habe alles, Al, wofür andere Mädchen ihre Seele verkaufen würden, nur um es zu kriegen — gesellschaftliche Stellung, genug Geld, um zu kaufen, was ich mir wünsche, genügend gutes Aussehen und Verstand, um zurechtzukommen, eine Familie, die mich liebt, Freunde, die mich wirklich mögen, und ein paar Männer, die mich heiraten würden, wenn ich sie liebte. Man muß schon eine Närrin sein, eine verdammte Närrin, wenn man trotz alldem nicht glücklich ist, findest Du nicht? Aber ich bin es nun mal nicht, und ich weiß nicht, warum. Hektisch fülle ich mein Leben mit tausend Dingen, nur um mich selbst zu betrügen und mir vorzumachen, daß ich glücklich und zufrieden bin. Ach, Al! Aber wenn es Nacht wird und ich in meinem Bett liege, im Dunkeln, dann wird mir klar, wie sinnlos es ist, mich selbst hinters Licht zu führen. Aber das ist ja nichts Neues für mich, nein, mein Lieber! Dieses Gefühl von Niedergeschlagenheit hatte ich ja auch im vergangenen Jahr, als Du, lässig die Hände in den Hosentaschen, in mein Leben geschlendert kamst. Ich glaube, Al, ich habe mich damals so wild an Dich geklammert, weil ich mit etwas zu kämpfen hatte, das mir fast wie eine dunkle, übernatürliche Macht erschien, und ich war regelrecht verzweifelt. Du bist in einem psychologisch wichtigen Augenblick aufgetaucht, und daher weißt Du mehr über mich als irgendwer sonst außer Court. Du mußt mich für verrückt halten, Al, daß ich solches Zeug fasele, und ich gebe zu, daß Du guten Grund hast, mißtrauisch zu sein, aber weißt Du, Al, irgend etwas fehlt in meinem Leben. Ein ganzes Jahr lang bemühe ich mich jetzt schon, herauszufinden, was es ist, denn ich brauche es, um glücklich zu sein — aber ich kann es einfach nicht herauskriegen. Ich glaube, Du weißt, wovon ich rede, Al — es ist etwas an mir, das Dich schon immer irritiert hat. Aber wir wollen uns nicht länger quälen oder gar dramatisch werden, denn wenn ich mich recht erinnere, war in Deinem wohlgeordneten Leben kein Platz für Tragödien. Aber wenn Du es weißt, Al, wenn Du auch nur die geringste Ahnung hast, was mit mir nicht stimmen könnte, dann sag es mir um Himmels willen.

November 1919?
(Weiß nicht, der wievielte – Freitag)

Court ist wieder zu Hause. Ich kann gar nicht sagen, wie froh ich bin.

J. P.[20] und ich fuhren zum Zug, um sie mit unserem Auto abzuholen, Allen. Als sie uns langsam und ein bißchen schwach auf dem Bahnsteig entgegenkam, blaß und krank, aber mit einem unverschämten Grinsen, hätte ich laut kreischend über sie herfallen können. Statt dessen sagte ich nur: »So blaß bist du ja nun auch wieder nicht, Kindchen, um dich *derart* anzumalen!«

Ich verbrachte die Nacht bei ihr. Schätze, das hätte ich nicht tun sollen, denn sie war sehr müde, jedenfalls blieb ich dort. Natürlich redeten wir, bis unsere Kiefer schmerzten. Und ich war so glücklich, Al – so glücklich, daß ich keine Sekunde still sitzen konnte!

Himmel! Wie ich dieses Mädchen liebe! Natürlich haben wir von Dir gesprochen, mein Lieber. Wir haben uns toll unterhalten dabei, und vielleicht wäre es sogar noch besser geworden, wenn Court nicht aus irgendeinem unerfindlichen Grund so verschwiegen gewesen wäre. Im Grunde war sie »ziemlich diskret«, wie Du es, glaube ich, nennen würdest. Was natürlich

---

20 Joseph P. Billups, Courtenays Stiefvater.

sehr verdächtig ist und mich alles mögliche vermuten läßt! Da ich Dich ziemlich genau kenne und weiß, wie geschwätzig Courtenay sonst ist, wäre ich gar nicht überrascht, wenn sich jetzt zwischen Euch etwas Ähnliches zugetragen hätte wie damals auf dem Felsvorsprung am guten alten Sugar Loaf zwischen uns beiden! Sie weigert sich, viel von dem Leben in der Großen Stadt zu erzählen, deshalb habe ich mir geschworen, bei ihr zu sein, wenn sie aus der Narkose aufwacht, um ihre Fieberphantasien aufzuschnappen. Das arme Mädchen ist völlig außer sich! Nein, mein Lieber — Du kannst unbesorgt sein —, sie hat Deinen unbescholtenen Ruf nicht befleckt und sie hat mir auch nicht wiedererzählt, was Du über mich geäußert hast — außer der Bemerkung von Dir, daß ich ein feiner Kerl sei. Danke, mein Engel. Ich frage mich, bei welcher Gelegenheit Du das gesagt hast und warum!

Ich bin unheimlich froh, daß Ihr beide Euch kennengelernt habt, und ich möchte mich bei Dir bedanken, daß Du so nett zu ihr warst und ihr so schöne Stunden bereitet hast. Ich fühle mich nämlich für sie verantwortlich, weißt Du!

25. November

Wieder einmal außer mir! Court soll morgen operiert werden und hat sich für heute abend noch mal schnell mit jemandem verabredet. Der Betreffende hatte allerdings ce soir, acht Uhr, auch ein kleines »Date« mit mir. Tja, mein Lieber. Es ist jetzt halb zehn. Natürlich ist er nicht gekommen, und ich nehme es ihm nicht

73

einmal übel, denn er ist ganz verrückt nach ihr – aber dazu muß ich sagen, daß ich seinetwegen zwei Theatereinladungen ausgeschlagen habe, und im übrigen würde ich auf *keinen* Mann eineinviertel Stunden warten! Bestimmt kommt er demnächst hier hereinspaziert und erwartet möglichst noch, daß ich ihn freundlich empfange, aber da hat er sich getäuscht, weil ich nämlich um zehn zu einem Tanz in den Club gehe. Tra-la-la! So ist das Leben in einer kleinen Stadt.

Wenn ich mich nicht andauernd mit irgend etwas beschäftige und tausend Verabredungen treffe, stelle ich bestimmt was an – deshalb rase ich herum, soviel ich kann. Ich weiß nicht, ob Court Dir schon von dem ganzen Schlamassel berichtet hat, in dem ich immer stecke, auf jeden Fall war es in den letzten Monaten so schlimm, daß ich bis an mein Lebensende versorgt bin. Ich war angeblich mit drei verschiedenen Männern verlobt und hatte einem jungen Neandertaler versprochen, ihn zu heiraten – nur um zu sehen, was passiert. (Das kriegte ich ziemlich schnell heraus und hatte dann alle Hände voll zu tun, ihn ein für allemal vom Schauplatz des Geschehens zu verbannen.) Als [ich] neulich in einem Country Club war, legten sich zwei meiner Begleiter mit einem Wagen voller Betrunkener an und wurden zusammengeschlagen. Mein Gott, Al! Es war schrecklich! Wenn die Journalisten davon Wind bekommen hätten, wäre ich erledigt, denn so was bricht hier einem jungen Mädchen das Genick – aber ein alter Freund von mir schaffte mich in seinem Auto von dort fort. Und danach hat er dafür gesorgt, daß nie-

74

mand was sagt, so daß auch vor Gericht nichts herauskam. Und dann — warte mal, ach ja —, dann löste ich
fast einen Skandal in der Studentenverbindung aus,
weil ich mich als Witwe ausgab, wurde aber gerade
noch rechtzeitig von einem verantwortungsbewußten
Freund zurückgehalten und gerettet. Meine Familie
drohte, mich zu enterben, weil ich fast mit einem
Mann durchgebrannt wäre, der genauso aussieht wie
Du. (Ich hab' mir zwar nicht das geringste aus ihm
gemacht, aber die Familie hegte einen so abgrundtiefen
Haß gegen ihn, daß ich das Gefühl hatte, man erwarte
es fast von mir!) Aber ich tat es dann doch nicht. Und
außerdem — großer Gott! Da wäre noch eine ganze
Menge zu berichten, aber ich will Dich nicht langweilen. Es genügt, wenn ich Dir versichere, daß ich noch
frei und ungebunden bin, von Gesetzes wegen und —
ganz so, wie ich Dir sagte, daß ich sein würde! Scheint
irgendwie nicht zusammenzupassen, nicht?

Al, siehst Du New York nicht ein bißchen zu zynisch und pessimistisch? Dazu kann ich nur sagen:
Durchhalten, alter Junge! Natürlich wirst Du jetzt erwidern: »Du kannst dir ja gar nicht vorstellen, wie einsam man sich in dieser verregneten Stadt fühlt!« Ich
weiß, wie das ist, mein Lieber, ich lebe ja selbst in
einer solchen Stadt — auch ich bin einsam. Und ich
weiß genau, daß Du das Zeug dazu hast, das Beste daraus zu machen, weil ich Dich kenne. Jetzt kannst Du
ruhig Dein mildes Lächeln aufsetzen und sagen: »Kleines Dummerchen, Du!«

Tut mir leid, daß Dir mein Photo nicht gefallen hat.
Ich stimme mit Deinem unausgesprochenen Urteil völ

lig überein. Und was ist mit dem, das *Du mir* schicken wolltest? Ich finde, das wäre nur gerecht. Und schreib mir bald einen ganz dicken Brief, ja?

Deine Peggy

*

Ach, Al! Wie konntest Du über die Leute aus dem Süden und über Verlobungen nur so reden, wie Du es getan hast! Ich weiß nicht, ob Deine Bemerkungen persönlich gemeint waren, aber es hat sich so angehört, und sie haben auch weh getan. Du weißt doch ganz genau, Allen Edee, daß noch nie irgendein Mann von mir behaupten konnte und auch nie wird behaupten können, daß ich mich »mit seinem Ring am Finger einem anderen Mann in die Arme geworfen habe«. Ach, Al, ich könnte Dich in der Luft zerreißen! Fast hätte ich geheult vor lauter Wut, als ich Deinen Brief gelesen habe. Bei Gott! Niemand weiß doch besser als ich, was für eine ernste Angelegenheit eine Verlobung ist, denn wenn man wirklich jemanden liebt, kümmert man sich einen Dreck um den Rest der Welt, dann können doch alle andern hopsgehen, und sämtliche Küsse von andern lassen einen völlig kalt. Bitte sprich nicht so mit mir, Al, ich habe das nicht verdient. Wenn ich von einem Mann den Ring am Finger trage, dann ist das, als hätte ich ein »Reserviert«-Zeichen um den Hals. Wankelmut und Treulosigkeit sind ganz sicher nicht auf den Süden beschränkt. Außerdem – und das wirst

Du mir bestimmt nicht glauben, Al — stammten die unglaublichsten Beispiele für Treulosigkeit während der Verlobung, die mir je untergekommen sind, ausgerechnet aus New York und dem Mittelwesten! Nein, natürlich erwarte ich nicht, daß Du mir glaubst, chéri, ein Mann glaubt ja immer nur das, was er glauben will, aber ich hatte sehr engen Kontakt zu Mädchen aus *allen* Teilen des Landes und weiß, wovon ich rede.

Ich gestehe, daß ich Dir einen Grund gegeben habe für Deine Strafpredigt, als ich Dir von dem jungen Steinzeitmenschen erzählte, dem ich versprochen hatte, ihn zu heiraten, und es dann doch nicht getan habe. Ich hätte Dir davon überhaupt erst nicht erzählen sollen, oder ich hätte es Dir genauer erklären sollen, als ich es erzählte. Ich hatte mich noch nicht richtig von meiner Operation erholt, und obgleich ich Besuche empfangen durfte, war ich noch sehr schwach und konnte nicht lange sitzen. Dieser Mann, der Bill hieß, war gerade aus Übersee zurück. Ich hatte seit drei Jahren nichts mehr von ihm gehört oder gesehen. Er kam mich besuchen und blieb eine Ewigkeit, bis ich mich so müde und schwach fühlte, daß mir ganz schwindlig war. Natürlich sagte ich ihm das nicht, aber ich muß ihm wie ein ziemlich zartes und hilfloses Ding vorgekommen sein, denn er verlor einfach den Kopf und hob mich hoch und nahm mich in die Arme (samt Blinddarmentzündung und allem) und schickte sich an, mich auf alte, bewährte Weise zu trösten. Also, ich war so angewidert und hilflos, daß ich zu weinen anfing und ihn anflehte, mich wieder runterzulassen, aber er hörte nicht, sondern phantasierte weiter von einem tollen Job in New York und wie ich ihn heiraten und mit ihm in den Norden ziehen würde. Schreien konnte ich nicht, weil außer Großmutter niemand im Haus war, und sie hätte sich von einem solchen Anblick bestimmt nie wieder erholt. Inzwischen war ich schon ziemlich entnervt, aber andererseits erwachte in mir rein weibliche Neugier, ich wollte wissen, was passieren würde, wenn ich einwilligte. Folglich versprach ich, ihn zu heiraten, wenn er mich runterließe und mit der Küsserei aufhörte. Ich weiß, Du glaubst jetzt bestimmt, ich erzähle Dir nur lauter Unsinn, aber es ist die reine Wahrheit, mein Lieber. Ich stand kurz vor einem hysterischen Anfall, und so ging er in dem Glauben, daß ich mein Versprechen halten würde. Also: Ich ließ ihn dann nicht mehr in meine Nähe, bis ich wieder auf den Beinen war und kräftig genug für eine Keilerei. Dann ließ ich ihn kommen und sagte ihm, was ich von einem Mann halte, der die Schwäche eines Mädchens ausnutzt, um ihr ein Versprechen zu entlocken. Comprenez? Man kann also eigentlich nicht sagen, daß ich mit ihm verlobt war, oder?

Weißt Du, Al, Du traust oder glaubst mir nicht. Ich nehme an, Du denkst, ich würde mit jedem Mann »herumschmusen«, an dem ich Gefallen finde. Du glaubst, weil ich Dich gern hatte und es Dir gezeigt habe, sei es mir unmöglich, meine »konservative« Karriere erfolgreich fortzusetzen. Tut mir leid, Dich enttäuschen zu müssen, mein Schatz, aber ich *tue* es trotzdem – und zwar mit Erfolg. Ach! Al! Al! Wenn ich doch nur mit Dir *reden* könnte! Es ist so schwierig, sich in Briefen deutlich auszudrücken, und es kann so leicht zu Mißverständnissen kommen! Aber ich nehme es Dir nicht übel, daß Du mir weh getan hast, mein Lieber, denn ich glaube, Du wußtest gar nicht, daß Du mir weh tust.

Du sagst, ich würde Dir nur schreiben, wenn ich nichts Besseres zu tun habe. Hör zu, Engelsknabe, ich hoffe, es gefällt Dir, wenn ich Dir erzähle, daß ich gerade ein Mädchen aus dem südlichen Georgia zu Besuch habe und mich eigentlich um sie kümmern und sie unterhalten sollte, aber ich tu's nicht!

Du findest also, daß ich noch ziemlich jung bin! Gott segne Dich, mein Junge! Ich wünschte, auch die anderen wären dieser Meinung, anstatt mich wie eine erwachsene, reife und erfahrene Frau zu behandeln, imstande, Verantwortung zu tragen, die weit über ihre Kräfte geht!

(Hier endet der noch vorhandene Teil des Briefes.)

*

12. Januar 1919 [vielmehr 1920]
Atlanta, Georgia
12 Uhr

Ich war gerade mit meiner »Familienpost« fertig und wollte ins Bett gehen, als ich Deinen letzten Brief auf meinem Schreibtisch liegen sah und ihn noch einmal las. Ich habe ihn schon mehrmals aufmerksam gelesen. Es ist wirklich ein schöner Brief, lieber Al, den Du mir da geschrieben hast. Keiner von jenen Briefen, die man rasch überfliegt und dann achtlos beiseite legt wie eine Zeitung, sondern einer, den man immer wieder mehrere Male hintereinander liest, für ein paar Wochen ruhen läßt und der einen dann, wenn man ihn sich erneut zu Gemüte führt, noch genauso fesselt wie zuvor. (Sag schon! Was krieg' ich dafür?)

Den Brief hast Du entweder spätabends geschrieben oder als Du müde warst oder Dich einsam fühltest, weil ihm dieses etwas Zurückhaltende und der leicht belustigte Ton gefehlt hat, der sich sonst in Deinen Briefen findet. Entschuldige, daß ich Deine Briefe analysiere, ich möchte Dir nur zeigen, daß ich mich bemühe, etwas mehr in die Tiefe zu gehen, auch wenn ich tausend Meilen oder so von Dir entfernt bin. Ja, da war eine sehr ernste Note drin zu spüren.

Als ich Dich gefragt habe, woran Du Dich am lebhaftesten erinnerst, hatte ich keine Ahnung, daß es mit dem, woran ich mich erinnere, völlig übereinstimmt – vor allem der Abend, an dem Du den Streit hattest, und das letzte Mal, als wir uns gesehen haben. Komisch, daß uns gerade diese beiden Ereignisse so stark beeindruckt haben. Als ich Deinen Brief bekam, habe ich mein College-Tagebuch hervorgeholt. Nur um mein Gedächtnis ein bißchen aufzufrischen – wenn Du willst, lese ich Dir vor, was ich über diesen Abend auf dem Capen Campus geschrieben habe. Um die anderen Dinge brauchst Du Dich nicht zu kümmern – das sind rein private Aufzeichnungen, obgleich ich in Zeiten finanzieller Knappheit schon öfters versucht war, sie »so, wie sie dastehen«, an »Herz- und Schmerzgeschichten« zu verhökern.

Also, es geht los – ich schlage das Buch auf. Meine ersten Tage am College werde ich übergehen, Cliffords Tod, Weihnachten in New York, Prüfungszeit, Mutters Tod, Arbeit, Hölle, Niedergeschlagenheit. Jetzt kommen wir nach Amherst. Ich kann mit der Stadt nicht viel anfangen. Ohne die Jungen wirkt sie tot – ich wünschte, ich wäre in New York geblieben. Wir sollen hinübergehen ins Beta-Theta-Pi-Haus, dort wird getanzt. Helen und Barb sind ziemlich aufgeregt und können mein mangelndes Interesse gar nicht verstehen. Zwei Männer kommen uns abholen – als wir aus dem Haus gehen, stolpere ich auf der Treppe und falle dem schwarzhaarigen Mann, der mich im Schlepptau hat, in die Arme. Er flüstert irgend etwas von »einem kleinen Fehltritt« und grinst spöttisch, was mich noch verlegener macht. Es ist eine schöne Zeit – zum erstenmal seit Monaten kann ich mich entspannen und wohl fühlen. Ich bin sogar so naiv und glücklich, eine Art boshafte Befriedigung zu spüren, als ich höre, wie ein Alpha-Delta namens Green Mrs. Smith zuflüstert: »Sehen Sie doch bloß, wie Al auf den kleinen Vamp mit dem Babygesicht fliegt.« Ich wandle durch unbekannte Gefilde. Ich bemühe mich, etwas über diesen höflich lächelnden Mann rauszukriegen, muß aber gestehen, daß ich keinen Erfolg habe. Jetzt bleibt mir nichts anderes übrig, als mich zu bemühen, ihn davon zu überzeugen, daß ich bloß ein niedliches kleines Ding bin, aber er kennt all die Geschichten über meine dunkle Vergangenheit, grinst ungeniert über meine Unschuldsbeteuerungen und erklärt, ich sei ein »schwieriger Fall und eine raffinierte Verführe-

rin«. Wir sitzen im Mondschein auf der leeren Haupt-
tribüne. Einen Teil unserer Unterhaltung werde ich nie
vergessen: »Um das Leben richtig zu kennen, muß
man intensiv leben und viele Erfahrungen sammeln.«

»Ich nehme an, mit ›Erfahrungen‹ meinen Sie
Frauen. Ich schwöre, ich werde niemals irgendeinem
Mann als Erfahrung dienen!«

»Doch, das werden Sie wohl! Vielleicht werden Sie
keine vorübergehende Erfahrung sein, aber zweifellos
werden Sie einmal für irgendeinen Mann eine ständige
Erfahrung sein.«

Ich werde niemals diesen hilflosen Zorn vergessen,
der in mir aufstieg, als ich Dein Gesicht sah, das mich
kühl anlächelte, denn ich wußte absolut nicht, woran
ich war mit Dir, wußte nicht, ob Du mich mochtest,
ob Du Dich lustig machtest über mich, ob Du Dich
für mich interessiertest oder was.

Eine große Lücke − diese Hausparty am Wochenende −, mein etwas jäher Abstieg vom Sugar Loaf, der
fast zu einer Tragödie geführt hätte. Wieder eine große
Lücke. Der Glee Club − große Aufregung − die Tanzabende etc. − der Verlust von Selbstachtung, der nur
durch die Verletzung von Prinzipien ausgelöst werden
kann − gute Vorsätze etc. − Lücke − ein paar dumme
Tränen, die in meinem ersten und letzten und einzigen
hysterischen Anfall endeten, der mein Herz schwäch-
te. Ich wende mich an Dich, weil ich einen Freund
brauche, der mir beisteht, weil Du mich verstehst −
Lücke −, dieser Tanzabend, erinnerst Du Dich daran?
Ich kam erst nach Hause, als schon alle Lichter aus
waren, und kletterte die Feuerleiter hinauf, während

Du unten aufgeregt herumzappeltest, mit meinen San-
dalen in der einen und meiner Puderdose in der anderen Hand –

Morgen fahre ich nach Hause und frage mich,
welches wohl die herausragendsten Erinnerungen
an das eine Jahr im College sein werden. Die
Streifzüge, die Vorlesungen, die lustigen Streiche,
die Freunde, die Feinde, die Raufereien, das Büffeln, die Arbeit – oder Al? Al ist sehr lebendig.
Er ist eine der lebendigsten Persönlichkeiten,
denen ich je begegnet bin. Heute abend habe
ich Al Lebewohl gesagt. Ich gehe in den Süden, um
einen Haushalt zu führen, er geht nach New York,
um dort zu arbeiten. Die Trennung schien wie
für alle Ewigkeiten zu sein, aber das glaube ich
nicht. Irgendwann werden wir uns wiedersehen.

Ach, Al, Al! Wieviel ich von Dir über Männer
erfahren habe! Was sie lieben und hassen, ihren
Ehrgeiz, ihre Eitelkeit, ihre Leidenschaft, die jun-
genhafte Liebenswürdigkeit und die totale Ge-
fühllosigkeit – die Höhen und auch die Tiefen.

Heute abend hab' ich Lebewohl gesagt – ich
wußte nicht, für wie lange, aber unsere Stimmen
waren rauh. Wir hatten nur ein paar kurze
Augenblicke für uns. Gleich würde »Sperrstunde« sein, und dann würde ich die ganze Nacht für
Geschichte büffeln. Es kam mir wie eine Ironie
des Schicksals vor, daß wir beide, die wir in der
Vergangenheit soviel Zeit füreinander gehabt hat-

ten, beim Abschiednehmen so gehetzt waren. Wir gingen hinunter zum Capen Campus, an den Bäumen und den stillen Schlafsälen vorbei, bis wir ein ruhiges Plätzchen gefunden hatten. Die graue Nacht, die Juniluft, der warme, weiche Hauch des beginnenden Sommers erinnerten irgendwie an das Lied –

>   »Laue Sommerluft,
>   süßer Blumenduft« etc.

Oh! Wie es schmerzte, Al Lebewohl sagen zu müssen, denn als ich in dem fahlen Dämmerlicht unter einer dicken Eiche stand, wurde mir bewußt, wie gut er zu dem einsamen verletzten kleinen Mädchen gewesen war. Ich hatte ein würgendes Gefühl im Hals und Tränen in den Augen, die ich unterdrückte. Das boshafte Glitzern in seinen Augen war verschwunden und auch das blasierte Lächeln um die Mundwinkel. Statt dessen kam etwas Weiches und Zärtliches zum Vorschein, das ich noch nicht an ihm kannte. Ich bekomme vielleicht noch eine Menge Komplimente zu hören in meinem Leben, aber wohl kaum eines, das ich so hochschätzen werde wie –

»Es gibt auf der Welt so wenig Menschen, die echt sind, Peg. So unheimlich wenig. Sie [das heißt die meisten] sind seicht, unaufrichtig, oberflächlich. Aber du bist echt, Peg – du gehörst zu den ganz wenigen authentischen Menschen, die ich kenne –, und ich mag dich sehr.« Er machte eine Pause. »Du hast mir sehr viel bedeutet.«

»Danke« war alles, was ich sagen konnte, aber als er sich herabbeugte, um mir die Hand zu küssen, wußte ich, daß ich die Herrin dieser letzten Begegnung war, auch wenn er bis dahin so viele Situationen beherrscht hatte, und ich wußte auch, daß in ihm ganz blaß eine Erkenntnis zu dämmern begann, die jedoch Monate brauchen würde, um völlig auszureifen. Das werde ich nie vergessen.

Die stille dunkle Nacht und die laue Luft, das dichte Gras wie ein weicher Teppich unter unseren Füßen, der Duft des sprießenden Grüns, die schwarzen verschwommenen Umrisse der Schlafsäle in der Dunkelheit – und Al – irgendwie – auf ganz ungewöhnliche Weise – verändert.

Leb wohl, Liebster. Du gehörst nicht zu den »Schiffen, die des Nachts vorübergleiten«. Eines Tages, wenn wir viel älter und anders sind, werden wir uns wiedersehen. Und jetzt an die Bücher!

Ach! Gefühlsduselei!
Ich hab' Dich damit bestimmt schrecklich gelangweilt, mein Lieber. Ich würde es ja zerreißen, aber ich hasse es einfach, fünfzehn Seiten zu zerreißen. Es ist schon zwei Uhr. Gute Nacht.

17. Februar 1920

Mein lieber Al –
diese Nachricht wird gezwungenermaßen kurz ausfallen, weil ich so rasende Kopfschmerzen habe, daß mir

die Buchstaben vor den Augen verschwimmen. Gerade habe ich Steve über eine Grippe hinweggeholfen, und jetzt liege ich selber flach. Das ist jetzt schon der fünfte Tag, und obgleich es mir schon wieder viel bessergeht, fühle ich mich noch immer ziemlich krank. Ich hatte ein so starkes Verlangen, von Dir zu hören. Ich glaube, von Dir kriege ich lieber Briefe als von jedem anderen, den ich kenne.

Wenn es mir wieder bessergeht, werde ich Dir von den »neuesten Entwicklungen« berichten, bis dahin jedoch – trotz Deiner üppigen Phantasie – bin ich nicht verheiratet, nicht verlobt, hege auch nicht die Absicht, hänge niemandem am Hals, bin auch nicht in irgendwelche wilden oder leidenschaftlichen Affären verwickelt. Würdest Du mir das bitte glauben, Al?

Deine Peg

PS: Ich lege einen Schrieb bei, den ich vor einiger Zeit verfaßt, dann aber nicht abgeschickt habe, weil ich mich nicht recht traute.[21] Ich bringe es nicht über mich, ihn noch einmal durchzulesen. Wenn er Dir also widerwärtig oder rührselig vorkommen sollte, nimm's bitte nicht weiter ernst. Mir kam es so schrecklich vor, Dir eine derart kurze und mickrige Nachricht zu schicken, und da dachte ich mir, daß er vielleicht ein kleiner Ausgleich für die Kürze ist. Al, Du mußt mir versprechen, nicht niedergeschlagen zu sein oder den

---

21 Der vorige Brief, datiert vom 12. Januar 1919 [das heißt 1920], trug keinen Poststempel und war offenbar dieser Notiz beigefügt.

Mut zu verlieren. Ich mache mir ehrlich Sorgen, wenn
Du deprimiert bist. Bitte schreib mir.

Mit 38,4 °C
Peg

*

Donnerstag vormittag 4. März 1920
Atlanta, Ga.

Mein lieber Al –
heute ist der Tag, an dem ich zum erstenmal wieder
raus durfte, und natürlich mußte es regnen. Ich hatte
schon alle Bücher im Haus gelesen, war aber außer-
stande, an der Geschichte, die ich angefangen habe,
weiterzuschreiben, weil ich meine Heldin in eine Situation gebracht hatte, aus der es keinen logischen
Ausweg gibt, daher rannte ich die ganze Zeit in der
Bibliothek auf und ab, drückte mir zwischendurch die
Nase an der Terrassentür platt und verfluchte den Re-
gen – und dann, o Freude, kam die Post. Dem Himmel sei Dank, daß Du so schnell geantwortet hast!
Wahrscheinlich hätte ich einen Anfall gekriegt, wenn
der Brief nicht gekommen wäre, oder ich hätte mich in
eine Putzorgie gestürzt und das ganze Haus auf den
Kopf gestellt, daß mir die beiden Hausangestellten
weggelaufen wären.

Es war nett von Dir, mir so schnell zu antworten,
und ich bedanke mich dafür. Unser Briefwechsel ist
wirklich ganz schön sprunghaft! Dicke, prompte Ant-
wortbriefe, wenn wir zerknirscht und reuig sind –

lange Pausen, wenn wir nicht in Stimmung sind. Schon ziemlich launisch, finde ich, genau wie ihre Verfasser.

Al, ich frage mich oft, was ich Dir in meinen dicken Briefen eigentlich erzählt habe! Gewöhnlich schreibe ich nämlich kurze Briefe außer an Court oder Ginny, und ich kann beim besten Willen nicht verstehen, wieso ich ausgerechnet an Dich gleich ein Dutzend Seiten oder so vollschreibe! Ich habe ein ziemlich schlechtes Gewissen, wenn jemand zu mir sagt: »Großer Gott, kannst du nicht mal ein bißchen längere Briefe schreiben?« und ich dann murmele, daß ich leider keine langen Briefe schreiben kann.

Du schreibst gute Briefe (oder habe ich Dir das schon gesagt?), wenn Du gerade Lust hast, Dich zu unterhalten. Deine Briefe geben ein ziemlich gutes Bild von Dir ab. Ich weiß noch, wie Du früher manchmal das Bedürfnis hattest, Dir irgend etwas von der Seele zu reden, und Deine Ansichten dann sehr ausführlich dargelegt hast (gewöhnlich über die Unbeständigkeit der Frauen oder über Musik oder warum der Moralkodex der Männer nicht auf Frauen anwendbar ist!). Dann wieder gab es Zeiten, da hast Du Dich völlig in Dich zurückgezogen und von mir erwartet, daß ich weiter lebhaft vor mich hin plappere, während Du Dich nur gemütlich zurückgelehnt, gegrinst und geraucht hast.

»Ein böser kleiner Teufel!« Fürwahr! Wie können Sie es wagen, mein Herr! Ich bin doch nur ein zartes kleines Wesen... Nein, ich bin außerordentlich kräftig und muskulös für so ein kleines Ding, wie ich eins bin,

»Das Briefeschreiben«...

...konstatiert Friedrich Torberg für unsere Zeit, »ist meiner Meinung nach tatsächlich unzeitgemäß, aber das spricht nicht gegen das Briefeschreiben, sondern gegen die Zeit.«

Doch auch heute gibt es noch »Briefe«, die so zeitgemäß und attraktiv sind wie eh und je.

Pfandbrief und Kommunalobligation

Meistgekaufte deutsche Wertpapiere - hoher Zinsertrag - bei allen Banken und Sparkassen

Verbriefte Sicherheit

vor allem auch für eine Südstaatlerin, denn wir haben nicht besonders viel übrig für sportliche Ertüchtigungen, dazu ist es viel zu heiß hier – aber bei starker nervlicher Belastung gehe ich vor die Hunde! Und das wiederum wirkt sich auf meinen Körper aus, und ich klappe zusammen. Und glaube mir, Al, seit einem Monat oder so stehe ich unter einem so entsetzlichen psychischen Druck, daß einfach irgend etwas in mir kaputtgehen mußte.

Ich glaube, Du hast die Motive nicht richtig verstanden, Al, warum ich mich fast für immer an Kay[22] gebunden hätte. Es war nicht, weil ich ihn besonders gern mochte, sondern weil ich mich so krank und schwach fühlte, daß er für mich den einzigen Ausweg aus dieser üblen Lage darstellte. Ziemlich feige von mir, nicht wahr? Auf jeden Fall kam ich wieder zu mir und tat's dann doch nicht. Ich bin schon einige Male ganz knapp an einer Ehe vorbeigeschlittert, seit ich wieder zu Hause bin, aber es war nie sooo ernst, denn Du hast völlig recht, Al, wenn Du sagst, daß es eine ernste Angelegenheit sei, einem einzigen Mann für den Rest seines Lebens anzugehören, oder bis man der Langeweile ein Ende bereitet, indem man ihm Arsen in die Suppe schüttet. Es ist etwas völlig anderes, ob man einen Mann zweimal die Woche auf einer Gala trifft, auf der beide artig an den entgegengesetzten Enden eines wackligen Sofas sitzen und über Nägel bei der Produktion von Fässern reden oder über Käse, *aber* 365

---

22 Konnte von keinem der noch lebenden Zeitgenossen Margaret Mitchells identifiziert werden.

Allen Edee, ungefähr 1919, in Amherst

Margaret war ihr Leben lang eine Katzenliebhaberin

Tage im Jahr dreimal täglich – und stell Dir bloß mal vor, Al, er lebt womöglich noch länger als ein Jahr! Ein unvorstellbar schrecklicher Gedanke! Kommt überhaupt nicht in Frage!

Ob es mir schwergefallen ist, Dir damals an dem Abend auf dem Campus Lebewohl zu sagen? »Du hast ja keine Ahnung, mein Schatz!« Es war die einzige Möglichkeit für mich, nicht lauthals loszuplärren. Für mich warst Du immer gleichbedeutend mit Verständnis, Zuneigung, Stärke, mit etwas Greifbarem und gut Vertrautem. Ich war auf dem Weg zu etwas, das mir wie ein unbekanntes Land vorkam, wo alles anders war, wo ich niemanden kannte außer Dad und Steve und wo ich allein zurechtkommen mußte. Mir wurde plötzlich klar, daß ich gar nicht so furchtbar selbständig war und es auch nie sein würde. Ich verspürte den heftigen Wunsch, mich an Dich anzuklammern, an den einzigen Menschen, dessen ich mir sicher sein konnte – aber ich glaube, ich habe es ganz gut verborgen und auf würdige Weise Abschied genommen. Du hattest recht, es ist mir schwergefallen, wegzugehen von Dir.

Ich glaube, ich höre jetzt lieber erst mal auf und schreibe heute abend weiter, denn ich bin jetzt in einer viel zu geschwätzigen Stimmung. Zuviel überschüssige Energie, schätze ich. Wenn ich je wieder aus diesem Haus herauskomme, werde ich wahrscheinlich als Folge dieser soeben erwähnten Energie alles auf den Kopf stellen. Die Batterien überladen, würde ich es nennen!

Später. – Es regnet noch immer und immer weiter und weiter. Wenn es nicht bald aufhört, wachsen mir noch Schwimmhäute. Nein, ich würde Deinen Brief anders beurteilen als meinen, denn ich bin mir ganz sicher, daß Du ihn nicht geschrieben hast, als Du (durcheinander) und bis oben mit Kognak vollgepumpt warst, damit Du einschlafen kannst – wie man es mit mir getan hat. (Alkohol macht mich immer deprimiert und müde. Ich würde nie einen richtigen Säufer abgeben!) Ich mag Deine Briefe, wenn Du ganz unverblümt redest und nicht so zynisch bist, wenn es um Dinge geht, die Dir heilig sind. Durch Deine Briefe habe ich eine ganz andere Seite von Dir kennengelernt, die mir sonst wahrscheinlich verborgen geblieben wäre. Ich habe dadurch auch erfahren, daß Du viel erwachsener und reifer geworden bist. Wenn ich die Briefe lese, die Du, kurz nachdem du von Amherst weg bist, geschrieben hast, und sie mit Deinen späteren vergleiche, stelle ich fest, daß ganze Welten dazwischen liegen. Du hast Dich wirklich so sehr weiterentwickelt, daß ich Court über Dich ausgefragt habe, und sie teilte meine Meinung. Sie sagte, daß sie selbst in der vergleichsweise kurzen Zeit, die sie Dich kennt, eine Veränderung an Dir festgestellt habe. Und was Court angeht – Al, ich könnte Dich in Stücke reißen und auf den Broadway schmeißen! Du Schuft! Warum *mußtest* Du ihr erzählen, daß *ich* Dir erzählt habe, daß sie mit Captain Mac verlobt ist? Als sie mich fragte: »Hast du Al erzählt, daß ich verlobt bin?«, hab' ich mit der reinsten Unschuldsmiene geantwortet: »Nein, Gänseblümchen.« Sie hat etwas schief gelächelt und gesagt: »Komisch, aber er sagte ja.« Und dann mußte ich ihr was vorlügen, aber wie! Ich lüge nicht gern. Die Wahrheit zu sagen ist viel einfacher. Schließlich konnte ich sie davon überzeugen, daß Du meine beiläufigen Bemerkungen einfach zu ernst genommen hättest. An dem Abend hätte ich Dich erwürgen können. Vor allem auch, weil *Du* mich schließlich extra darum gebeten hattest, ihr zu sagen, daß Du absolut nichts von ihrer Verlobung wüßtest! Trotzdem, ich bin gewillt, Dir zu verzeihen, falls Deine Version nicht allzusehr von meiner abweicht.

Captain Mac kam letzte Woche auf dem Weg nach Columbus, Ga., hier vorbei, wo er stationiert ist. Er ist einer der nettesten Männer, die ich kenne, und wenn Court ihn nicht schon festgenagelt hätte, würde ich bestimmt keine Ruhe gegeben haben, bis er an meiner Angel zappelte! Ein schreckliches Geständnis, aber ungefährlich!

Ich habe von Court, seit sie weggefahren ist, erst einmal etwas gehört, und zwar kam der Brief aus West Newton, Massachusetts. Ihre Mutter hat gerade angerufen. Court ist am Sonntag angekommen, aber das Telegramm traf eben erst ein.[23] Das nenne ich Tüchtigkeit! Ich könnte wetten, daß es Court auf der ganzen Fahrt speiübel war. Ich muß ihr unbedingt schreiben, sie hat von mir noch keine Zeile gekriegt und hält bestimmt schon die Ohren gespitzt, um zu erfahren, ob ich durchgebrannt bin, mich erschossen habe oder auf

23 Courtenay ging nach Europa, um dort zu reisen und Kunst zu studieren. Wie Courtenay erklärte, willigte ihre Mutter nur ein, weil sie gedroht hatte, »Mac« zu heiraten, wenn sie nicht fahren dürfe.

94

irgendeine andere gewaltsame Weise meinem glücklichen Zuhause entflohen bin. Ich habe ihr geschworen
zu heiraten, während sie im Ausland ist, und ihr dann
ein Telegramm mit nur einem Wort zu schicken –
»Verheiratet« –, damit sie sich den Kopf zerbrechen
muß, wer wohl der Leidtragende sein könnte! Sie ist
ein netter alter Kumpel, und ich liebe sie.

Falls Du mal einen Abend frei hast und nicht weißt,
was Du tun sollst, könntest du dann bitte meine alte
Zimmergenossin Virginia Morris (»Ginny«) ersuchen,
sich einmal um mich zu kümmern? Sag ihr, daß Du
von der Zeit weißt, in der sie mich an meiner Pyjama-
hose festhielt, während ich kopfüber aus dem Fenster
hing, um Eiszapfen abzubrechen. Erinnere sie daran,
wie sie Connie Ahls[24] Zimmer verwüstet hat. Sprich
von den endlosen Dämmerpartys, die sie und Red Baxter immer veranstaltet haben, und wie sie bei den Tö-
nen von »Hearts and Flowers« immer zu schnarchen
anfing. Das wird sie zum Wahnsinn bringen, denn sie
wird zuerst gar nicht wissen, wer Du bist und woher
Du all diese Dinge weißt. Wenn Du ihr sagst, daß Du
Pegs Al bist, wird sie Dich wahrscheinlich wiedererkennen, mir ist nämlich zu Ohren gekommen, daß Red
sie laufend über uns unterrichtet hat. Virginia ist das
lustigste Mädchen, das Du Dir denken kannst. Ihre
Mutter heißt, glaube ich, Mrs. George Morris, aber ich
werde ihre Adresse später einfügen. Ich glaube, sie
wohnen in der 36. Straße. Dieser Brief ist ziemlich zer-
fahren, ich weiß, aber irgendwie gelingt es mir heute

24 Connie Ahl starb 1924.

abend nicht, etwas Zusammenhängendes zu Papier zu bringen. Wenn Du diesen Brief bald beantwortest, mein Alter, schreibe ich Dir bestimmt einen schönen langen, wirklich! Bitte schreib mir.

Nie mehr dieselbe
Peggy

*

Montag, 10.30 Uhr
13. März 1920
Atlanta, Ga.

Edler Jüngling! O welch erstaunliche Schnelligkeit, mit der Dein gütiges Schreiben hier eintraf! Es kam vor etwa einer halben Stunde an, und ich will Dir in nichts nachstehen. Eigentlich müßte ich mich um den Hausputz und die Bestellung des Gartens kümmern oder wenigstens dieses Zimmer hier aufräumen – aber ich tu's nicht; das Zimmer ist in einem schrecklichen Zustand. Es erinnert mich an das Zimmer Nummer 23 im Hen 10, ein absolutes Chaos. Ich habe an diesen Faulpelz Ross, der mich keines einzigen Wortes für würdig erachtet, ganze Stöße Papier vollgeschrieben, und da ich gleichzeitig an einer Geschichte arbeite, ist alles mit Briefbögen und Schmierzetteln übersät. Ich schwöre, noch nie hat mir eine Geschichte soviel Schwierigkeiten gemacht wie diese hier. Merkwürdig, daß ich mich ausgerechnet an einem Punkt festgebissen habe, der sonst meine Stärke ist (beim Schreiben, meine ich!), beim letzten Kuß nämlich. Normalerweise komme ich mit Küssen ausgezeichnet zurecht – vom platonischen Küßchen bis zu solchen, die fünf Minuten dauern. Eigentlich liegen mir nur flotte Geschichten, die gelingen mir ausgezeichnet. Deshalb schreibe ich auch so wenig. Auf jeden Fall habe ich die eine Seite immer wieder umgeschrieben, aber ich kriege sie einfach nicht hin. Angenommen, Du wärst seit einem Jahr mit einem Mädchen verlobt, und sie, die Dich noch immer liebt, läßt Dich dann sitzen, um aus rein finanziellen Motiven einen anderen Mann zu heiraten. Angenommen, Du triffst sie an ihrem Hochzeitstag und wüßtest, daß sie Dich liebt und Dich haben möchte, auch wenn sie es sich selbst nicht eingesteht. Angenommen, Du würdest in Deiner Verbitterung eine einzigartige Rache üben, indem Du ihr einen letzten Kuß gibst, mit dem Du Dich physisch von ihr verabschiedest. Für Dich wäre sie dann fleischlich tot, aber geistig würde sie Dir noch immer gehören. Du hättest das Gefühl, daß sie vor Gott Deine Frau war und daß Du, nachdem Du den physischen Teil Deiner Liebe getötet hast, noch immer ihr Herz und ihre Seele besitzt. Ein schwer faßbarer Besitz, den Sie immer spüren würde, aber nie bekämpfen könnte, ein nervenaufreibender Anspruch, der stets gegenwärtig wäre und ihr klarmachen würde, daß sie, obgleich sie rechtlich mit einem anderen Mann verheiratet ist, im Geiste die Frau eines anderen geblieben ist – so daß ihr das materielle Glück, dem sie ihr geistiges Ich geopfert hat, für immer versagt bleibt. Zweifellos wirst Du sagen, das sei schlicht unmöglich, aber das ist es nicht, mein Lieber, denn ich habe diese Geschichte von einem grausamen jungen Mann, der diese Rache tatsächlich geübt hat. Nur kann ich diesen Kuß nicht beschreiben! Zum Kuckuck! Wie würde er sie wohl küssen? Ich habe den Ärmsten die ganze Skala menschlicher Gefühle durchspielen lassen — von grober Heftigkeit bis zu kühler Sachlichkeit —, aber nichts scheint zu stimmen. Ich bin verzweifelt, und dabei habe ich ohnehin kaum Zeit, mich aufs Schreiben zu konzentrieren. Andauernd klingelt das Telefon, oder es kommt jemand, oder es müssen Anweisungen erteilt und Arbeiten überwacht oder bestimmte Dinge für Dad und Steve erledigt werden, denn die beiden haben keine Zeit, sich um irgend etwas außer ihrem Büro zu kümmern. Noch nie war ich derart aufgeschmissen bei einer Geschichte, aber es ist schwierig, über etwas zu schreiben, das man noch nicht selbst empfunden hat und das man nicht begreifen kann.

Ich lege ein paar Schnappschüsse für Dich bei. Wahrscheinlich ist es zwecklos, auch nur zu erwähnen, daß ich ebensogern welche von Dir hätte. Ich weiß, daß es der reinste Wahnsinn ist, von Al, dem großen Gott, ein größeres Photo zu erwarten. Er geruht bestimmt nicht, einfachen Sterblichen derartige Liebesbekundungen zuteil werden zu lassen. Apropos Photos: Court und ich haben hier eine Freundin, Dot McCullough,[25] siebzehn Jahre alt, blond, freche blaue Augen, massenweise Theorie, aber keine praktische Erfahrung,

25 Dorothy McCullough, die Tochter von David B. N. McCullough, wohnte in Peachtree 1110 gegenüber von den Mitchells, und hat in den Stücken mitgespielt, die Margaret in ihrem Wohnzimmer aufführte. Sie starb 1970.

riesige Veranlagung für Leidenschaft und Schönheit, falls sie abnimmt – jetzt etwa zwanzig Pfund Überge- wicht. (Ich beschreibe sie so genau, weil ich sie viel- leicht gelegentlich noch erwähnen werde.) Auf jeden Fall hat sie mehrmals die Nacht mit Court und mir verbracht und uns von Dir reden hören. Als sie wissen wollte, wie Du aussiehst, brachte ich den Schnapp- schuß von einem schlanken, verträumten, idealisti- schen Jungen im Rupert-Brooke-Sporthemd und in voller Pose und zeigte ihn ihr. Sie war wie vom Blitz getroffen! Du hättest hören sollen, wie sie herumge-. sponnen hat. Das konnte man sich einfach nicht entge- hen lassen, daher habe ich meinen üppigen Beschrei- bungskünsten freien Lauf gelassen und Dich mit all den »Teufelskünsten« eines Don Juan und der Unwi- derstehlichkeit eines Lew Cody ausgerüstet (war viel- leicht gar nicht mal reine Phantasie!). Dot hauchte im- mer nur: »Ehrlich?«, und Court nickte dann mit völlig ernster Miene, um meine Worte zu bestätigen. Als es schlimmer nicht mehr ging, sah sie Dein Bild an und sagte strahlend: »Er könnte mich haben!« (Mit dieser Bemerkung drücken die jungen Mädchen von Atlanta auf delikate Weise tiefe Gefühle aus.)

Später – 11 Uhr nachts

Du fragst, ob ich in den Norden komme, Al. Das weiß ich genausowenig wie Du. Aus verschiedenen Grün- den, die ich hier nicht alle aufzählen will, kann ich nicht nach Greenwich kommen. Es ist unmöglich. Und selbst wenn ich käme, würde mich Tante Edyth abends bestimmt nicht nach N. Y. fahren lassen. Aber ich kann *wirklich* nicht hinfahren, Al. Falls ich überhaupt in den Norden fahre, dann höchstens nach Columbia, aber im Augenblick scheint auch das aussichtslos. Weißt Du, ich hatte schon so wundervolle Pläne gemacht, aber von einer Minute zur anderen gingen sie alle in die Brüche. All meine Pläne, die ich seit Jahren hatte, haben sich in Rauch aufgelöst, Al, und im Augenblick weiß ich überhaupt nicht, wie es weitergehen soll. Ich lasse mich einfach »treiben« und warte, was passiert. Wenn es eine Möglichkeit gibt, in den Norden zu fahren, werde ich sie ergreifen. Ach, Al! Ich würde Dich so wahnsinnig gern sehen! Außerdem würde ich gern auch Ginny und Mrs. Henry[26] und haufenweise Mädchen vom Smith wiedersehen, die jetzt in N. Y. C. leben – ganz abgesehen von Hamp, das ja nicht weit entfernt ist. Himmel, ich würde alles geben, um in diesem Frühjahr in den Norden fahren zu können! Aber wer soll das Haus in Ordnung halten und für meine Männer sorgen? Ich kann sie doch nicht allein und ohne Aufsicht lassen – und vor allem nicht ohne Pflege und ohne Essen! Aber ich will Dich unbedingt sehen, Al; es würde mir nicht einmal etwas ausmachen, »alle Tänze auszulassen«, nur um mit Dir reden zu können. Übrigens – *ich kann tanzen.* Seit ich wieder zu Hause bin, war ich jede Woche mindestens dreimal tanzen, und ich habe mit keinem Mann ge-

26 Ira W. Henry, die Mutter ihres verstorbenen Verlobten aus New York und Sound Beach, Connecticut. Margaret hat sich mit den Henrys gut verstanden; Finnis Farr berichtete, daß sie ihnen jedes Jahr an seinem Todestag Blumen geschickt hat.

tanzt, dem ich nicht hätte folgen können und der, auch wenn ich ihm vielleicht nicht besonders gefiel, nicht gern mit mir getanzt hätte. Ich sage das alles nur Deinetwegen, weil Du zum Teil schuld daran bist. Nie, niemals werde ich vergessen, wie wütend ich bei dem Beta-Tanz war, zwei Tage vor College-Schluß, als Du mir in völlig ruhigem Ton sagtest, was für eine miserable und lahme Tänzerin ich wäre! Es war heiß an dem Nachmittag, und ich war sehr müde. Ich hatte zwei Wochen lang jede Nacht für das Examen gepaukt bis in den frühen Morgen hinein und war völlig erschöpft. Wahrscheinlich wußtest Du das nicht, und ich war zu stolz, um irgendwelche Entschuldigungen vorzubringen. Ich ließ es einfach zu, daß Du mich fertigmachst, aber in Gedanken beschloß ich, es Dir beim nächstenmal zu zeigen, wenn Du mit mir tanzt. Ich war so kaputt, daß ich erst allmählich zu mir kam, als wir nach Hause gingen und beschlossen, die »Sperrstunde« zu ignorieren. Wenn Du bei unserer nächsten Begegnung Deine blöden Bemerkungen nicht zurücknimmst, kriegst Du eins aufs Dach! Du willst also vielleicht in den Westen, Al.[27] Was willst Du denn dort tun, falls Du wirklich dahin gehst? Dasselbe wie in N. Y. C., oder haben Du und Deine Familie irgendwelche anderen Pläne mit Dir? Ich stimme Dir völlig zu, daß man in einer großen Firma nicht so schnell befördert wird, aber Du hast mir nicht erzählt, wie Deine Pläne oder Vorstellungen in bezug auf kleinere

27 Al ging in dem Sommer nach Chicago, wo er von 1920 bis 1922 bei Marshall Field & Co arbeitete.

Unternehmen aussehen. Was mich betrifft, so würde ich lieber bei einer jungen oder kleinen Firma anfangen, »von ganz unten«, und dann mit ihr groß werden. Aber natürlich ist das Risiko in einem solchen Fall auch größer als bei einem etablierten Unternehmen. Ich weiß nicht, was für Dich am besten geeignet ist, Al. Irgendwie habe ich Dich immer als Akademiker gesehen, aber bis man Arzt oder Jurist ist, braucht man lange. Ich glaube nicht, daß Du schon das Richtige für Dich gefunden hast, und es kann noch ein Jahr oder so dauern, bis Du es weißt.

Als Du mit dem College fertig warst, Al, da hattest Du feste Vorstellungen von dem, was Du tun wolltest, und als Du sie dann in die Tat umgesetzt hast, da waren sie nur noch halb so schön. Ich glaube bestimmt, daß Du schon bald herausfindest, was Du wirklich willst, denn Du wirst jetzt erwachsen, mein Kleiner. Du bist sehr viel reifer geworden, seit Du Amherst verlassen hast. Ich wage sogar zu behaupten, daß von Deinen bolschewistischen oder halbgaren Theorien nur noch ganz wenige übriggeblieben sind (»Du kannst mich mal gern haben!«). New York hat Dir sehr geholfen, Al, aber Du brauchst mir deshalb noch lange nicht einzureden zu versuchen, daß Du ein eingefleischter alter Junggeselle bist, der nicht gern tanzen geht! Du hast doch nicht etwa erwartet, daß ich Dir das abnehme, oder? Besonders nachdem Court derart von Deinen Tanzkünsten geschwärmt hat! Nicht lange, und Du wirst mir weismachen, daß Du graue Haare kriegst! Vierundzwanzig! Mein Gott, was für ein ungeheuerliches Alter! Bis dahin bin ich bestimmt längst tot! Ich kann mir gar nicht vorstellen, so alt und klapprig zu werden! Inzwischen würdest Du mir wahrscheinlich am liebsten an die Gurgel springen, deshalb höre ich lieber auf, Dich zu ärgern. Du gehörst einfach ein bißchen aufgemöbelt, mein Lieber, und das würde ich gern für Dich tun. Irgendwie gelingt es mir nicht, mir Dich vor dem New Yorker Hintergrund aus hohen Gebäuden, endlosen Appartements und ewigem Lärm vorzustellen, genausowenig wie Du Dir mich wahrscheinlich in meiner jetzigen Umgebung vorstellen kannst. Ich bringe Dich immer mit Frühling und Natur in Verbindung. Ich frage mich, ob Du mich wohl so, wie ich jetzt bin, mögen würdest, mein Lieber, weit entfernt von der sorglosen College-Atmosphäre und dem Frühling. Manchmal, während meiner äußerst seltenen sentimentalen Anfälle, überlege ich mir, ob es nicht vielleicht besser wäre, wenn wir uns nie wiedersehen würden – so könnten wir uns unsere wunderbaren Erinnerungen bewahren –, aber dann gebe ich mir gewöhnlich immer einen Schubs, weil ich Dich so furchtbar gern wiedersehen würde! Ach, Al, wir würden einfach dasitzen und reden, reden, reden! Wie lange, glaubst Du wohl, würde es dauern, bis wir die neun Monate, die wir getrennt sind, durchhätten? Bis in die Morgenstunden, würde ich sagen!

Nächster Tag

In Deinem vorletzten Brief, der sehr nett war, hast Du mir eine Art brüderlichen Rat erteilt. Ich weiß den Brief, den Ratschlag und die gelehrigen Erörterungen sehr wohl zu schätzen, auch wenn ich nicht gleich darauf eingegangen bin. Es kommt bestimmt nicht oft vor, daß ein Mädchen von einem Mann erfährt, wie er über Liebe, Ehe, Leidenschaft und so weiter denkt, aber *dieses betreffende* Mädchen ist für alle derartigen Informationen sehr dankbar, denn in einer ganzen Reihe kritischer Situationen ist ihr dieses Wissen über die männlichen Gefühle schon sehr zupaß gekommen. Erinnere mich bitte daran, Dir noch mehr apropos Liebe etc. zu schreiben. Ich höre den Postboten und möchte ihm den Brief gleich mitgeben. Bitte schreib bald.

Deine Peg

PS: Achte mal auf die Briefmarke. Den vorigen Brief an Dich hat einer meiner Verehrer zur Post gebracht. Ein ungehobelter Klotz, der einfach keine Ahnung hat, wie man Briefe an Dich frankiert, nicht wahr?

Peg

*

Sonnabend vormittag
26. März 1920
Atlanta, Ga.

Bitte schicke mir die Seiten von Courts Brief zurück. Manchmal habe ich einen regelrechten Haß auf Dich, Al Edee. Manchmal machst Du mich *so* wütend und tust mir *so* weh, daß ich mich frage, ob Du wirklich noch derselbe wundervolle Freund bist, dem ich all die

Sorgen und Freuden aus meiner kleinen Welt anvertrauen und gewiß sein könnte, Mitgefühl und Verständnis zu finden. Du verstehst mich nicht, hast mich nie verstanden und wirst mich auch nie verstehen, Du *willst* mich nicht verstehen. Wer gab Dir das Recht, etwas zu kritisieren, das gar nicht für Deine Ohren bestimmt war? Natürlich bin ich selbst schuld, weil ich meinen Brief an Dich nicht noch einmal durchgelesen habe, aber ich war in großer Eile. Du hattest kein Recht, Dich über ein Gefühl lustig zu machen, das mich stärker beeinflußt hat als alles in meinem Leben mit Ausnahme meiner Mutter!

Weißt Du denn, daß es auf der ganzen Welt keine andere Stadt gibt, in der es einem so schwer gemacht wird, anständig zu bleiben, vor allem, wenn man ein rastloses emotionales Geschöpf ist, das bald von tiefen Depressionen, bald von Anwandlungen geradezu diabolischer Leichtfertigkeit überkommen wird. Weißt Du denn, daß allein die Erinnerung an eine Liebe, die nicht das geringste mit physischer Leidenschaft zu tun hatte, so stark ist, daß ich sauber und unverdorben und anständig geblieben bin, *selbst in Gedanken?*

Immer wenn mich, seit ich von Hamp weg bin, ein Mann geküßt oder umarmt hat (außer der Episode mit Kay), konnte das nur geschehen, weil er stärker war als ich und weil ich zu stolz oder diskret war, um nach Hilfe zu schreien. Seit ich aus Hamp weg bin, ist es noch keinem einzigen Mann gelungen, die Wand einzureißen, die Oberflächlichkeit von echten Gefühlen trennt.

Woher willst Du denn wissen, auf welche Weise ich

geliebt habe, daß Du Dir herausnimmst, davon zu reden, als handelte es sich um eine »Ferienliebe«? Bildest Du Dir etwa ein, ich hätte Dir so etwas erzählt? Das hätte ich gar nicht tun können. Außerdem hätte es Dich ohnehin nicht interessiert. Ich hätte es niemandem erzählen können. Bis jetzt ist es noch keinem gelungen, die erste Liebe eines Mädchens mit sechzehn wahrheitsgetreu darzustellen – dieses nicht mehr rein platonische Gefühl, das der Erkenntnis vorausgeht, daß bei einer reiferen Liebe die Leidenschaft einen unerläßlichen, unvermeidbaren Platz einnimmt. Dieses Gefühl gibt es nur ein einziges Mal. Das ist wie beim ersten Kuß. Es kann niemals ein zweites Mal empfunden werden. Es ist für die voll entfaltete Liebe dasselbe wie der Frühling für den Sommer.

Misch Dich da nicht ein, Al Edee. Im großen und ganzen betrachte ich meine Emotionen und Eskapaden mit leichtem Zynismus, aber da gibt es eine wunde Stelle, an die niemand rühren darf, nicht einmal Courtenay. Es ist nicht gerade rühmenswert, mein Lieber, sich ausgerechnet den schwachen Punkt im Schutzpanzer eines Mädchens auszusuchen und genau dort zuzuschlagen. Ich hoffe, Du bist zufrieden, wenn ich Dir sage, daß Du mit Deiner üblichen Präzision genau jene wunden Stellen getroffen hast. Ich hasse Dich deswegen! Natürlich ist mir klar, daß uns der Tod viel enttäuschende Erfahrungen erspart und daß der Junge, dem ich – *in Treu und Glauben* – die Ehe versprochen habe, verändert und als Mann zurückgekehrt wäre. Du glaubst mir nicht, wenn ich Dir versichere, daß ich eine Linie gezogen habe, die kein Mann je übertreten wird außer mit Gewalt. Das glaubst Du mir nicht, und Du verstehst es auch nicht. Ich nehme an, daß Du es nicht verstehen kannst. Ich verlange es auch gar nicht von Dir. Ich verlange von Dir nur, daß Du es als Tatsache akzeptierst, daß ich wegen eines Mannes, der mich verehrt hat, weil ich nicht war wie alle anderen, an dem kindischen Ideal festhalte, daß es irgendwo einen Mann gibt, der mich, weil ich über der Wohlfeilheit flüchtiger Leidenschaft stehe, mehr liebt und respektiert. Du kannst jetzt ruhig wieder spöttische Bemerkungen machen. Du kannst mir damit nicht noch mehr weh tun, als Du es schon getan hast. Ich wünschte, ich könnte Dir auch weh tun — nein, das stimmt nicht, weil ich mich dann auch nicht wohler fühlen würde. Ich will Dir nur das eine sagen: Wenn Du keine Ahnung von etwas hast, dann misch Dich nicht ein.

Gute Nacht, Al. Was ist bloß los mit Dir?

Sonnabend nachmittag

Ich sitze gerade auf dem Sofa im Wohnzimmer und dirigiere das Putzen von Fußböden und Möbeln für den Sonntag. Ich lasse das Haus jeden Sonnabend nachmittag immer noch einmal durchputzen, damit am Sonntag alles schön sauber ist. Bestimmt kündigt der Butler bald, wenn ich ihm zuviel Arbeit aufhalse. Ich stehe schon jetzt in dem Ruf, eine üble Sklavenantreiberin zu sein.

Inzwischen habe ich mich wieder ein bißchen beruhigt, wie Du wahrscheinlich aus meiner Handschrift siehst. Aber erst nachdem ich seit langem zum erstenmal wieder geweint und einen langen Spaziergang gemacht habe, um meine Gedanken zu ordnen. Warum tust Du mir immer so weh, Al? Ich habe Dir nie etwas Böses angetan, und wenn ich mal zufällig auf Dinge gestoßen bin, die Dir heilig waren, habe ich nie ein Wort darüber verloren geschweige denn mich über sie lustig gemacht.

Aber ich schätze, das ist nur ausgleichende Gerechtigkeit, und vielleicht geschieht es mir ganz recht. Kurz nachdem ich vom College zurück war, lernte ich einen Mann kennen, der genauso aussah wie Du. Er hatte nicht ganz Deine Figur und auch nicht so dunkles Haar, aber sonst war er Dir sehr ähnlich — sein Gesichtsausdruck, sein Lächeln, sein Benehmen und auch seine Gedanken und Ansichten über das Leben. Es gab nur einen einzigen Unterschied (Gott sei Dank!), und zwar, daß er — im Gegensatz zu Dir, glaube ich — schon eine ganze Reihe schlimmer Erfahrungen gemacht hatte, was sich in seinem Gesicht und in seiner Einstellung gegenüber Frauen widerspiegelte. Er stammte aus dem Norden, und die Meinung, die er von Südstaatlerinnen hatte, war sogar noch ein bißchen schlechter als Deine, falls das überhaupt möglich ist. Ich fand ihn äußerst interessant und habe mich gern mit ihm unterhalten, denn in gewisser Hinsicht war er wie Du, aber natürlich war die Familie aus prinzipiellen Gründen gegen ihn, so daß ich ihn nicht allzuoft sehen konnte. Und dann mußte er sich ein verdammt blödes Ding leisten — für jemanden, der das Leben und die Frauen so gut kannte — und sich verlieben. Eines Tages traf ich ihn in der Stadt, und wir gingen zusammen ein Sodawasser trinken, da hat er mir davon erzählt. Er bedauerte und verwarf alles in seiner Vergangenheit, was dieser Frau nicht würdig war, und versuchte jetzt mit aller Kraft, ein Mann zu sein, den sie lieben könnte. Aber er bedeutete ihr überhaupt nichts außer vielleicht als Freund.

Auf jeden Fall, Al, war er ganz offen zu mir und verriet mir ein paar der bezauberndsten, wundervollsten Gedanken, die ein Mann nur haben kann, und einige herrlich reine Ideale, nach denen ein Mann im Leben streben könnte. Ich hätte stolz sein sollen, daß er mich zu seiner Vertrauten gemacht hatte, aber statt dessen überschüttete ich ihn mit den ironischsten Spötteleien, die ich in meinem Repertoire habe. Ich war mal wieder in der Stimmung: »Hat denn das alles überhaupt einen Sinn?« und machte mich mit hämischem Vergnügen daran, jedes einzelne seiner Ideale in der Luft zu zerreißen. Na ja, und noch am selben Abend kriegte ich dann einen Brief von ihm, wie ich in meinem ganzen Leben nie wieder einen kriegen möchte. Er war einfach vernichtend. Ich wünschte, ich könnte Dich auch so verletzen, aber das bringe ich nicht fertig. Ich weiß jetzt, wie ihm zumute war. Vielleicht habe ich Deine Bemerkungen verdient.

Ich kann mir gar nicht vorstellen, wie Du an Courts Brief gekommen bist, allerdings lagen überall Briefe an alle möglichen Leute herum, als ich an Dich schrieb. Um Himmels willen, Al, sag mir doch, *wieviel* von dieser klugen Epistel in Deine Hände gefallen ist! Ich kann mich nicht mehr an alles erinnern, was ich ihr geschrieben habe, aber ich weiß, daß ich ihr ein paar Geständnisse gemacht habe — über East Lake und das S. A. E.-Bankett zum Beispiel. Heiliger Bimbam! Ich kann Dir nie wieder in die Augen sehen, Al Edee! Du hast doch sicher gewußt, daß das nicht für Dich bestimmt war!

Du weißt genau, daß ich mit Court auf einer völlig anderen Ebene und ohne jede Zurückhaltung rede. Sie ist ja immer ganz versessen darauf, pikante Details zu erfahren. Ich weiß, daß Du die Seite über A. B. haben mußt, weil das auf derselben stand wie das von Clifford. Das entnehme ich Deinen Bemerkungen darüber, daß ich »wie wild herumpoussiere« und ständig herauszufinden suche, wie weit ich es mit einem Mann treiben kann, ohne in Schwierigkeiten zu geraten. Du meintest, daß das, was ich über A. B. gesagt habe, zusammen mit meinen Bemerkungen über Clifford von einem erstaunlichen Mangel an »Aufrichtigkeit« zeuge. Vielen Dank, mein Kleiner, Du hattest ja schon immer ein feines Gespür, wenn's um Frauen ging, nicht wahr?

Ein derart flatterhaftes Mädchen könntest Du nicht verstehen; das sei »zuviel für Dich«. Aber vielleicht denkst Du mal daran, daß ich ja *Court* gebeten hatte, mich zu verstehen. Außerdem begreife ich überhaupt nicht, wieso Du mich wegen dem, was ich über A. B. gesagt habe, für einen Vamp ohne Herz hältst. Ich selbst habe ihm nie getraut, aber meine Familie mochte ihn, weil sie seine Familie kannte und weil — ach! —, also weil er alles an sich hatte, was für Erfolg wichtig ist, und weil er wie ein Gentleman aussah. Ich konnte doch meiner stinkviktorianischen Familie nicht sagen, daß ich nur allzugut wußte, wie forsch er ranzugehen pflegt, und daß er – o Gott! Das könnte ich höchstens einem Mädchen erzählen! Auf jeden Fall wurde er mir immer verhaßter, so daß ich sein Benehmen nach dem Tanzabend zum Anlaß nahm, ihm endgültig den Abschied zu geben. Ich hoffe nur, daß ich über diese letzte tragische Szene keine Einzelheiten berichtet habe. Einen Augenblick lang war ich nämlich selber ziemlich durcheinander. Bitte schick mir alles, was Du von diesem Brief hast, zurück. Arme Court! Sie wird mich ganz schön verfluchen, wenn sie den Brief kriegt und feststellt, daß ein paar hochinteressante Absätze fehlen! Sie hat A. B. auch nie gemocht.

Al, ich verstehe wirklich nicht, wieso Du daraus schließen kannst, daß ich eine gefühllose Person bin, die den Männern nur schöne Augen macht und sonst nichts! Du liebe Güte! Was für eine Meinung Du von mir haben mußt! Unaufrichtig, gefühllos, oberflächlich, rücksichtslos, ohne auch nur zu erwähnen, daß ich noch dazu eine unverbesserliche »Poussiererin« sein soll (höflicher Ausdruck für Knutschtante) und Männern gern den Kopf verdrehe. Ich frage mich, was Dir eigentlich gefallen hat an mir? Vielleicht gerade *diese* Eigenschaften? Ich habe es satt, immer für alles, was ich tue, Erklärungen abgeben zu müssen, habe es satt, Dich davon überzeugen zu müssen, daß auch ich ein paar Ideale von Anstand und Aufrichtigkeit besitze. Du findest, daß ich nicht ehrlich umgehe mit Männern. Hör zu, wenn Du mir auch nur einen einzigen Mann zeigen kannst, der behauptet, ich habe mit ihm

Katz und Maus gespielt, nur um meinen Spaß zu haben, dann werde ich – also, dann werde ich Dir die Füße küssen! Und noch etwas, Al, mein Schatz: Wenn ein Mädchen die männliche Psyche so gut kennt wie ich, wenn es die tausendundeins kleinen Tricks kennt, mit denen ein Mädchen »in aller Unschuld« einen Mann verrückt machen oder völlig um seinen Verstand bringen kann – wenn sie all diese Dinge weiß und noch dazu klein und hilflos aussieht, eine leichte Beute, und dann erwähnte Tricks nicht anwendet, also dann würde ich doch sagen, daß sie sich anständig verhalten hat! Findest Du nicht?

Aber denke ruhig, was Du willst. Wenn es Dir Spaß macht, so von mir zu denken, tu's doch, dann ist das Deine Sache. Aber Du kannst bestimmt nicht behaupten, daß Du es aus *eigener* Erfahrung weißt.

Jetzt hab' ich ganz schön auf Dir rumgehackt, was? Tut mir leid, aber Du hast mich schwer beleidigt. Komm, vertragen wir uns wieder. Küßchen. Ich hoffe, ich habe Dir nicht weh getan.

Wirklich, Al, ich bin Dir so dankbar, weil Du mir so viele Anregungen für den »*ersten* Kuß« gegeben hast. Die arme Geschichte! Seit ich Dir davon geschrieben habe, bin ich um keine einzige Zeile weitergekommen! Erstens einmal geriet ich ein bißchen ins Schwimmen, und außerdem wollte ich vorher noch eine andere Geschichte fertigschreiben. Ich habe sowieso keine Zeit, ständig über derselben Sache zu sitzen. Ich gebe zu, daß ich zuerst dachte, der Mann in der Geschichte küßt das Mädchen einfach auf die Lippen, fast ohne Gefühl. Aber es sollte realistisch sein, und da dachte ich mir, daß sich ein Mann wohl kaum auf diese Weise für immer von einem Mädchen verabschieden würde. Weißt Du, Al, diese Geschichte ist nämlich aus der Sicht des Tagebuchs geschrieben, das das Mädchen führt, deshalb läßt sich der Kuß so schwer beschreiben. Ich glaube nicht, daß jemand schon mal ganz ehrlich und wahrhaftig dargestellt hat, was in einem Mädchen während einer Liebesszene vor sich geht — oder was sie genau gedacht und gefühlt hat, während sie geküßt wurde. Es ist fast wie ein Verrat am eigenen Geschlecht, wenn man solche Dinge schreibt! Jedenfalls glaube ich, daß Du völlig recht hast — bestimmt würde er sie fest an sich drücken. Ja, Du hast auch recht, wenn Du sagst, daß es ein ziemlich langer Kuß sein müßte — lang genug, um ihr klarzumachen, daß sie drauf und dran ist, das einzige auf der Welt zu verlieren, das ihr etwas bedeutet hat.

Um es mit den Worten einer unserer »flotten« Schreiberinnen auszudrücken (Elinor Glyn wahrscheinlich), wäre es wohl ein Kuß, bei dem »die Seele bebend durch die Lippen strömt« (solche Sätze habe ich mir schon immer gut merken können!), und wenn das beharrliche Drängen seiner Lippen sie dazu gebracht hat, ihm einzugestehen, daß sie ihm für immer und ewig angehören wird, verläßt er sie. Diese Szene liefert ganz schönen »Zündstoff«! Wenn ich die Geschichte je zu Ende schreibe, schicke ich sie Dir, mein Lieber. Aber im Augenblick ist es mir unmöglich, einen derartigen Kuß aus der Sicht eines Mädchens zu schildern. Andersherum, von der männlichen Warte aus, ginge es mühelos.

Es ist schon spät. Dad ist im Bett, Steve ist gerade aus dem Club zurück, und mein »Date« ist schon wieder fort. Ich war furchtbar müde. Es kommt mir so vor, als würde ich jetzt immer ziemlich schnell müde. Ich scheine auch kaum noch irgendwas zu tun. Das kommt wahrscheinlich daher, weil die Saison zu Ende geht und ich in keiner guten Verfassung bin. Ich muß mich in diesem Sommer bemühen, wieder zu Kräften zu kommen. Es ist schrecklich, so klein zu sein. Aber heute abend bin ich nicht nur körperlich müde, sondern auch geistig. Es war ein hektischer Tag heute. Natürlich begann er schon sehr früh und strahlend, aber dann traf Dein Brief ein, der mich, milde gesagt, etwas verstimmt hat. Ich weine fast nie, außer wenn ich mich verletzt fühle oder mit den Nerven völlig fertig bin.

Ich werde nur selten wütend, weil man dadurch nur kostbare Kraft vergeudet. Heute morgen habe ich dummerweise beiden Impulsen nachgegeben, und als Folge davon bin ich total »erledigt«. Seit Seite 16 habe ich zweimal Händchen gehalten und mir zwei unglückliche Geschichten angehört, wonach die Welt ungewöhnlich verdorben und brutal sein muß. Es gibt so viel Kummer und Leid auf der ganzen Welt und so wenig, was ich tun kann, dabei möchte ich gern etwas tun, um zu helfen. Aber gerade jetzt merke ich wieder, wie ich von so einem merkwürdig dumpfen Gefühl erfaßt werde, das sich wie eine Art geistiger Lähmung in mir ausbreitet. Ich habe heute abend so gar keine Lust,

Pläne zu machen oder mich um etwas zu sorgen, Gefühle und Mitgefühl für andere Menschen aufzubringen. Ach, wie schön wäre es, jetzt einfach wie ein Kind von jemandem in die Arme genommen zu werden, sich dicht an ihn zu schmiegen, völlig entspannt, ganz ruhig, ohne Probleme, ohne Verantwortung – absolut friedlich – sich dahintreiben zu lassen, dahintreiben.

Also, ich bin einfach auf dem Sofa eingeschlafen, und wenn man bedenkt, daß ich morgen wieder einen schweren Tag vor mir habe, benötige ich dringend Schlaf. Ich muß nach oben gehen. Ein jämmerlicher Brief – findest Du nicht? Tut mir leid, das nächstemal gebe ich mir bestimmt mehr Mühe, wirklich.

Bitte schreib mir. Du *bedeutest* mir viel, mein Alter, denn sonst könntest Du mir nicht so weh tun. Sag mir, worauf wolltest Du eigentlich anspielen, als Du geschrieben hast: »Court hat es sichtlich genossen, [mir] alles bis ins kleinste Detail zu erzählen.« Was denn? Falls es sich um Clifford handelt, dann kann sie nicht viel wissen. Sie hätte nicht einmal im Traum vermutet, daß die Dinge so stehen, und merkte erst, was los war, als er längst wieder weg war und sie seinen Ring an meinem Finger entdeckte. Ich erhielt heute von ihr einen zwei Seiten langen Brief aus Paris. Da steht nichts drin. Mir fallen die Augen zu. Muß jetzt ins Bett. Schreib doch bald an – »das Mädchen mit dem gebrochenen Herzen, das seine Frau hätte werden sollen«.

Peggy

PS: Ich bin nicht rachsüchtig, aber ich hoffe nur, daß eines Tages einmal jemand, den Du magst und dem Du vertraust, etwas sagt, das Dich nur ein Zehntel so stark verletzt, wie Du mich *damit* verletzt hast.

Peg

Sonntag, 11 Uhr vormittags
(nach der Kirche)

Ich sitze in einer kleinen Teestube [jetzt Eisbar] und schreibe auf einem Glastischchen. Die Leute hier sind von mir alles mögliche gewöhnt, deshalb wundern sie sich nicht. (Meine Verabredung ist eingetroffen – 'tschuldige.) Es handelt sich dabei um jenen Mann, von dem ich auf Seite 9 gesprochen habe. Ich habe ihm von *Deinem* Brief erzählt, und er sagte: »Sag Al, daß ich mich bei ihm bedanke.« Ich hätte ihn umbringen können! Er wollte so viel über Dich wissen, daß wir Deinetwegen eine regelrechte Sitzung abgehalten haben. Dot McCullough läßt Dich sehr herzlich grüßen. Sie hat gestern den ganzen Tag mit mir telefoniert und meinte voller Abscheu: »Du tust in deiner freien Zeit nichts anderes, als diesem blöden Al zu schreiben. Zwanzig Seiten! Großer Gott! Wie soll er das denn schaffen?« Das frage ich mich auch häufig! Schreib bald. Ich schicke diesen Brief mit Eilboten, um Dich zu überraschen.

*

Brief an Courtenay

(Dieser Brief lag jenem Schreiben von Peggy bei, das vom 26. März 1920 datiert ist. Al gab ihn Peggy, die ihn darum gebeten hatte, nicht zurück.)

Ich kämmte mir gerade die Haare, um tanzen zu gehen, als der Brief ankam, und er hat mich fast zu Boden geschmettert! Als ich schließlich nach unten ging, um A. B. zu begrüßen, war in meinem Kopf die Hölle los. Vielleicht ist es Dir noch nicht passiert, taxiert und für minderwertig befunden worden zu sein. Und Du hast bestimmt noch nie das Gefühl gehabt, nackt unter einer gnadenlos niedersausenden Peitsche zu stehen. Dieser Brief hatte sich in mein Gehirn eingebrannt. Ich konnte an nichts anderes mehr denken. Alles in mir krümmte sich zusamen. Wenn Du zu einem Mann Zuneigung gefaßt hast, der nach eigenem Eingeständnis schnell wie der Blitz ist, ohne jeden Glauben an Gott und ohne die geringste Achtung vor Frauen, und wenn Du ihn mit hehren Idealen ausstattest und Vertrauen zu ihm hast, hast Du allen Grund, stolz zu sein. Aber Du kennst doch Dan genausogut wie ich, Court. Warum ich wie eine verdammte Närrin in einem Anfall von Zynismus loslegte und alles, was ihm heilig war, lächerlich machte − all seine neuen Ideale, alles, was an Frauen schön und rein ist, alles, was vor Gott gut war −, weiß ich nicht, aber ich habe es getan − o Gott! Aber Du hättest diesen Brief sehen sollen, Court. Er war ätzend! Der Mann, den ich aus dem Sumpf gezogen hatte, hielt über mich Gericht und geißelte mich mit unbarmherziger Hand. Zum Schluß sprach er von den Idealen, die ich ihm vermittelt hatte, und vom Glauben an die unendliche Güte Gottes. Mit anderen Worten, er nannte mich eine kalte und seelenlose, erbärmliche kleine Person: »Schön und rein und gut, nicht durch die Liebe Gottes oder die irgendeines Mannes, sondern durch den Glauben an die Richtigkeit aller Dinge bis in alle Ewigkeit.« Du liebe Zeit! Und das ausgerechnet mir, die ich auf einem Sockel gethront hatte!

Ich ging zu dem Ball. Es war ein ziemlich großer Ball wie immer bei Verbindungstreffen. Ich sah gut aus, wahrscheinlich, weil es mir völlig egal war, wie ich aussah. Ich hatte das schwarze »Kommt-und-schaut-alle-her«-Abendkleid an und sah hübscher aus denn je. (Entschuldige bitte meine Eitelkeit, Du Ungläubige, aber es stimmt. Ich hatte nämlich während der Grippe zugenommen, und auf vollen Schultern machen sich schwarze Träger besonders gut.) Ich war verzweifelt. Nicht nur dieser Brief brannte mir auf der Seele, ich ärgerte mich auch noch maßlos über A. B.! Bist Du schon mal einem Mann begegnet, der Dir das Gefühl vermittelt hat, daß Dein Kleid zu gewöhnlich ist? Das hat A. B. getan. Ich begann, ihn plötzlich zu verabscheuen. Ich musterte ihn von der Seite, und da bemerkte ich seinen sinnlichen Mund und seinen kurzgeschnittenen Schnurrbart und begegnete seinem selbstbewußten, etwas höhnischen Blick. Ich haßte ihn. Seine bloße Nähe machte, daß ich eine Gänsehaut bekam. Ich wußte, daß ich mich mit ihm streiten würde, wenn wir nach Hause gehen würden, und bei dem Gedanken daran wurde mir ganz übel. Ich konnte nicht mit ihm reden, deshalb ließ ich ihn links liegen und begann, wie wild mit den anderen Männern an unserem Tisch herumzuflirten. Ganz besonders mit dem einen, der mir gegenübersaß. Er sah gut aus und hatte einen humorvollen Zug um den Mund und Augen voller sprühender Ausgelassenheit – ein hundertprozentiger Mann, schätze ich. Er gefiel mir, ich gefiel ihm. Wir flirteten auf Teufel komm raus. Ich hatte gehofft, A. B. würde wütend werden, aber es berührte ihn überhaupt nicht! Wenn ein Mann so verdammt sicher ist, Dich zu heiraten, wie er es war, kannst Du ihn nicht eifersüchtig machen. Frank legte sich keinen Zwang an, und wir kamen mit rasender Geschwindigkeit voran, bis mir plötzlich der Brief wieder einfiel und ich schroff zu ihm sagte: »Bringen Sie mich zu A. B. zurück. Ich will nicht länger mit Ihnen spielen.«

»Und warum nicht?«

»Weil ich ein seelenloses Wesen bin, und außerdem bin ich bereits in fünf andere Männeraffären verwickelt«, fuhr ich ihn an.

Er schrie auf und bat mich um ein Rendezvous!

Der Tanz ging bis drei Uhr. Mir war schlecht, und ich war völlig erschöpft. Die Grippe hatte mich schwer mitgenommen, weißt Du, und ich war noch sehr schwach und hätte eigentlich überhaupt nicht tanzen sollen. Ich kann mich kaum erinnern, wie ich nach Hause gekommen bin, aber als A. B. mich zur Tür brachte, hörte ich ihn sagen: »Du gehst, als ob du betrunken wärst.« Ich war viel zu müde, um denken zu können. Alles, was ich wußte, war, daß A. B. nicht bleiben durfte. Sobald wir in der Eingangshalle waren, drehte ich mich um und hielt die Tür auf und sagte: »Es war sehr nett. Bitte geh jetzt nach Hause. Ich bin sehr müde.«

Er lächelte nur (wie ich sein Lächeln haßte!), schloß die Tür hinter sich und führte mich, die nur schwach Protestierende, ins Wohnzimmer. Das Feuer war bis auf ein paar rotglühende Kohlenstücke heruntergebrannt, es war warm und dämmrig im Raum. Alles schien so unwirklich. Ich war zu müde, um denken zu können. Er zog mir den Mantel aus, drückte mich hinunter aufs Sofa, stand da und sah mich an. Erschöpft, aber erleichtert dachte ich mir, es sei das letztemal gewesen, daß ich mit ihm ausgegangen war.

»Geh jetzt bitte«, forderte ich ihn auf.

»Gib mir erst einen Gutenachtkuß, dann gehe ich.«

»Dir einen Kuß geben? Zum Teufel, geh jetzt endlich.«

Er kam zu mir und setzte sich auf die Sofalehne.

»Ich hab' es gern, wenn du so frech bist«, sagte er grinsend. »Wenn du dich bemühst, grob zu sein, wirkst du unheimlich weiblich!«

Dann legte er den Arm um mich. Ich wollte nicht nach Steve schreien. Ich war viel zu schwach, um mich auf einen Kampf einzulassen, aber ich wußte, daß mich die Wut packen würde, wenn er versuchen sollte, mich anzufassen.

»Wen liebst du?«

»Nimm deine Hände weg. Ich werde dich nicht heiraten. Du bist mir viel zu sinnlich.«

Großer Gott! Das hätte ich nicht sagen dürfen, weil

mich A. B. nämlich für die Unschuld selbst hält – und dann ging der Spaß los!

Court, wenn man einen Mann gern gehabt und ihm vertraut hat, dann ist es nicht gerade ein schöner Anblick, wenn er den Kopf verliert und verrückt spielt. Ich schätze, es lag an dem Abendkleid und daß die beiden Träger zum unpassendsten Zeitpunkt runterrutschten. Jedenfalls ist es bei mir noch nie so hektisch zugegangen, bis ich ihn endlich raus hatte. Das war das letztemal, daß A. B. dieses Haus betreten hat. Überall, wo er mich mit seinen Händen angefaßt hatte, fühlte ich mich gräßlich beschmutzt.

Als ich schließlich nach oben und in mein Zimmer ging und in den Spiegel sah, fiel ich fast in Ohnmacht! Das Kleid war an der einen Seite schrecklich weit nach unten gerutscht, was sündhaft verrucht aussah. Meine Frisur hatte sich völlig aufgelöst, die Haare hingen mir herunter, so daß ich aussah wie in »Warum Mädchen von zu Hause weglaufen, erster Akt, zweite Szene«! Ich hasse die Männer. Nein, das stimmt nicht. Es gibt auch ein paar anständige, saubere Männer mit Selbstbeherrschung. Übrigens, was starke Männer betrifft –

Chéri, Deine Mutter sagte, Mrs. Henry hätte Dir aufgetragen, nach Allery zu gehen, wenn Du in Paris bist. Hör zu, Court, würdest Du bitte etwas für mich tun? Du weißt doch, wo sein Grab liegt! Du hat ja das Bild gesehen. Bitte kauf ein paar Blumen für mich (das Geld lege ich bei), und bring sie ihm. Und wenn Du sie hingelegt hast, sprich bitte ein Gebet für ihn von mir. Ach, Court! Court! Wenn ich doch nur, *nur* vergessen könnte! Wenn ich doch nur wieder frei sein könnte! Aber das werde ich nie sein. Ich habe mein Wort gegeben, und es sieht so aus, als würde es bis in alle Ewigkeit gelten. Ich werde mich niemals von ihm befreien, wenn nicht irgendein anderer Mann ...

(Hier endet der noch vorhandene Teil des Briefs.)

*

28. April 1920
Freitag, 12 Uhr mittags
Zug nach Athens, Ga.

Mein lieber Al –
ich sitze im Zug nach Athens, Ga., der stolzen Metropole, in der die University of Georgia ihren Sitz hat. Als ich mich abhetzte, um die Straßenbahn zu kriegen (unser Auto ist wie üblich in der Werkstatt), kam der Eilbotenbrief. Ich schnappte mir also schnell etwas Papier zum Schreiben. Der Wagen ist mit kreischenden Mädchen vollgestopft, und auf den Gängen und in den Gepäcknetzen stapeln sich Koffer und Hutschachteln. Scheint so, als würde die ganze Stadt übers Wochenende rausfahren. Ich bin zu einer Sigma-Ny-Hausparty verdonnert, und um ganz ehrlich zu sein, fürchte ich mich zu Tode. Ich habe den, der mich eingeladen hat, in meinem ganzen Leben erst viermal gesehen, und dreimal davon war vor dem Krieg! Und das letztemal hab' ich ihn gesehen, als er gerade mit Courtenay zusammen war. Er ist schrecklich nett. Ich verstehe nur nicht, wieso er mich eingeladen hat. »Die Zeit wird es offenbaren.« Er ist ein so guter Freund von

Court, daß ich das Gefühl habe, ihn seit Jahren zu kennen.[28]

Das ist vielleicht ein Lärm hier in dem Abteil! Es erinnert mich ans Smith, wenn die Ferien anfingen. Die meisten von denen sind mit viel Jüngeren zusammen als ich – Jungen vom College, Erstsemestler und Fachschüler. Ich fühle mich ziemlich raus aus dem allen, denn die meisten Männer, mit denen ich gehe, sind zwischen fünfundzwanzig und fünfunddreißig. Vielleicht bin ich jetzt erwachsen genug, damit die Jungen vom College mich mögen! Die Uni ist für ihre tollen Partys berühmt.

Sonntag, 9 Uhr abends
auf dem Rückweg nach Atlanta

Tot. Drei Stunden Schlaf, seit ich Dir geschrieben habe. Vielleicht erholen sich meine Füße wieder, aber sie werden nie mehr so sein wie früher. Neben mir sitzt ein Junge, der auch auf der Party war und nach Atlanta zurückfährt. Er döst vor sich hin. Im gegenseitigen Einverständnis unternehmen wir beide nicht einmal den Versuch, uns zu unterhalten. Der Arme hat drei Nächte lang auf dem Fußboden geschlafen. Ich habe mich köstlich amüsiert und eine Menge über die männliche Psyche erfahren und war endlich auch mal fort von zu Hause, was dringend nötig war. Es ist seit vergangenem Juni das erstemal, daß ich verreist bin.

28 Berrien Upshaw wurde 1920 in die My-Gruppe von Sigma Ny an der University of Georgia aufgenommen.

Ich wollte diesen Brief schon vor Ewigkeiten zu Ende schreiben und auf die Post geben, konnte ihn aber nicht finden. Am Sonntag im Zug, wurde ich grob unterbrochen, als man mich dazu brachte, »das Mädchen mit dem gebrochenen Herzen« zu spielen, das seine Frau gewesen war. Ein Mann aus Atlanta, der auch im Zug war, halste mir drei unheimlich junge Knaben auf, die mich aufheitern sollten. Mein schläfriger Nachbar hatte sich ins Raucherabteil begeben, und nachdem der Mann aus Atlanta wieder gegangen war, machten es sich diese drei Nervensägen bei mir bequem. Ich erfuhr, daß sie aus Valdosta in Georgia kamen und dort eine alte Freundin von mir sehr gut kannten. Ich ärgerte mich schrecklich über sie, vor allem, weil ich so müde war und am liebsten geschlafen hätte. Sie verkündeten mir sogar, daß ich viel zu jung und unschuldig sei, um in eine so sündige Stadt wie Athens zu fahren. Ich konnte sie nicht loswerden, aber als mich einer von ihnen nach meinem Namen fragte (offenbar hatten sie ihn nicht mitgekriegt), war der Augenblick für meine Rache gekommen.

»Mrs. William Morris«, verkündete ich. »Ich war die Anstandsdame auf der Sigma-Ny-Party.«

Und dann begann der Spaß erst richtig. Ich war ganz in Schwarz gekleidet (sonst trage ich meist Blau), und mein »Kriegsbraut«-Schleier mit Bordüre wurde von zwei silbernen Flugzeugflügeln zusammengehalten. Sie hatten mich wirklich fast zum Wahnsinn gebracht, deshalb wollte ich es ihnen heimzahlen. Die Geschich-

te von meiner romantischen Heirat und dem »glorrei-
chen Ende« meines Mannes in einem Flugzeug über
den deutschen Linien war ein Meisterstück. Fast hätte
ich sie selbst geglaubt, und den dreien ging sie richtig
nahe. Ich habe noch nie etwas erlebt, das derart er-
nüchternd gewirkt hätte. Sie waren einfach zu nett und
bemühten sich verzweifelt, ihren Fauxpas wiedergut-
zumachen. Innerlich quietschte ich vor Schadenfreude,
weil ich genau wußte, daß sie, wenn sie nach Valdosta
kamen, Aurelia erzählen würden, daß sie ihre kleine
Witwe Margaret Mitchell Morris getroffen hätten. Ich
konnte direkt hören, wie Aurelia sich totlachen würde,
und stellte mir dabei ihre Gesichter vor! Sie wollten
sich alle mit mir verabreden, aber ich beschloß, Bill
Morris treu zu bleiben, auch wenn ich vielleicht etwas
anderes vorgezogen hätte! Als wir in Atlanta ankamen,
trugen sie mir mein Gepäck bis zu Dad und Steve, die
auf mich warteten. Die Armen! Sie fragen sich immer
noch, warum diese Jungen so ernst herumstanden, die
Hüte in den Händen drehten und mich mit Mrs. Morris anredeten. Juchhe! Halleluja!

Ich bin also wieder daheim. Das Haus ist frisch ge-
strichen, und ich richte gerade die Veranda für die
»Sommerkampagne« her, wie Freundin Court es aus-
drücken würde. Weiß der Himmel, wann ich endlich
mal drauf sitzen kann, denn obgleich die Bäume schon
grün sind, ist es noch so kalt, daß man einen Mantel
anziehen muß. Das Wetter ist unbeständig. Im Haus
ist es so frostig, daß ich kaum schreiben kann. Damit
meine ich, daß mir nur schwer etwas einfällt. Ich weiß
nicht, ob es Dir genauso geht, aber ich beginne erst

richtig zu leben, wenn es warm wird, und so, wie es momentan aussieht, werde ich wohl noch lange Zeit tot sein.

Al, ich wünschte, Du würdest mir von Deinen Schwierigkeiten erzählen. Du weißt ganz genau, daß ich mich sehr dafür interessieren würde, denn Du erzählst mir nur selten etwas über Dich, während Du von mir, weiß Gott, mein Lieber, genügend »Geständnisse« besitzt, um mich an den Galgen zu bringen. Natürlich gerät jeder, der von zu Hause fort und auf sich allein gestellt ist, hin und wieder in Schwierigkeiten irgendwelcher Art, aber ich hoffe, daß es bei Dir nichts Ernsthaftes ist. Seit Du mir davon geschrieben hast, mache ich mir Sorgen, und ich wünschte, Du würdest es mir erzählen, mein Lieber, oder mir wenigstens mitteilen, ob jetzt »alles vorbei« ist. Natürlich war mein erster Gedanke typisch weiblich: »Al ist in irgendeine Frauengeschichte verwickelt!« Aber dann beschloß ich, mich jedes Urteils zu enthalten, bis Du mir geschrieben hast. Ich weiß nur, daß es auf dieser Welt nur ganz wenige Dinge gibt, die – direkt oder indirekt – nichts mit einer Frau zu tun haben. Das französische Sprichwort »Cherchez la femme« stimmt schon. Bitte schreib mir darüber, wenn Dir danach ist, Al. Du weißt doch, daß ich es gern wissen möchte.

Jetzt beende ich diesen Brief. Eine ziemlich dürftige Angelegenheit, dieser Brief, findest Du nicht? Aber irgendwie kriege ich heute nichts zusammen. Hast Du das schon mal erlebt, daß es Dir unmöglich war, etwas zu fühlen oder zu empfinden? Daß Du keine Freude und keinen Kummer, keinen Schmerz und keinen Haß spüren konntest? Mich überkommt so was regelmäßig, und heute ist gerade so ein Tag.

Ich habe außerdem gerade »fast eine Tragödie« hinter mir, was mir mal wieder gezeigt hat, daß an dem, was Du über meine »gegenwärtige Lebensweise« gesagt hast, vielleicht doch was Wahres dran ist! Jedenfalls verabscheue ich mich und die Welt ganz im allgemeinen. Deshalb werde ich Dich nicht länger langweilen. Wenn ich mich »wiederaufrappele«, schreibe ich Dir sofort einen ordentlichen Brief, auch bevor Du diesen beantwortet hast, aber falls ich es nicht tue, dann schreib Du mir bitte und erzähl mir »alles«.

Schreib bald, mein Lieber, ich bin schon ganz begierig darauf, von Dir zu hören.

Wie immer Deine
Peg

PS: Entschuldige, mein Alter, aber ich *will* diesen Brief unbedingt wiederhaben, wenn auch aus keinem anderen Grund, als um meine Neugier zu befriedigen und zu sehen, *was* ich geschrieben habe. Ich weiß es nämlich schon fast nicht mehr. *Bitte*, schick ihn mir zurück.

*

Mein lieber Al, heute liege ich seit genau einer Woche im Bett. Wie lange noch, hängt, glaube ich, von Dr. B.s Entscheidung ab, die er morgen trifft. Er sagt, wenn ich sehr brav bin, macht er mir einen Gipsverband, und das bedeutet sechs Wochen. Na, wenn schon – seit ich vierzehn bin, war ich jeden Sommer wegen irgendwelcher Knochenbrüche ans Bett gefesselt, daher finde ich all das völlig normal. Weiß der Himmel, wie ich das wieder fertiggebracht habe. Ich habe entweder einen Bänderriß oder mir das Hüftgelenk verrenkt oder *aus*gerenkt, egal, welches von beiden – sakroiliakale was weiß ich. Mein Fimmel für Anatomie und Medizin hat schon immer vor meiner eigenen »zerbrechlichen Hülle« kapituliert. Morgen wird eine Röntgenaufnahme gemacht, und ich bete schon jetzt, daß es nur eine Bänderzerrung ist. Das Leben ist zu kurz, als daß man drei Viertel davon damit verbringt, gebrochene Knochen zusammenzuflicken.

Bitte schreib mir, auch wenn Du mir schon geschrieben hast, denn ich fühle mich hier sehr einsam, so allein den ganzen Tag. Außerdem möchte ich sowieso was von Dir hören.

Es ist schon spät, und Dad will das Licht ausknipsen. Ich [werde] ihm diesen Schrieb geben, damit er ihn morgen früh abschicken kann. Bitte schreib mir.

Wie immer Peg

*

Margaret, der einstige Wildfang, mußte mehrere Wochen das Bett hüten und verfolgte im Sommer 1920 wahrscheinlich mit Interesse die Nachrichten über den Baseballspieler Babe Ruth.

Die Zeitungen von Atlanta berichteten sowohl von den Tennisspielen in Wimbledon als auch von den meisterhaften Golfkünsten ihres Mitbürgers Bobby Jones, der im Juli das Southern Golf Tournament gewann. Gleichzeitig bereitete sich Alexa Stirling, ebenfalls aus Atlanta, auf das kanadische Golfturnier der Frauen vor, das im September stattfand und das sie gewann.

In den Zeitungen wurde für Coca-Cola geworben, ein alkoholfreies Getränk, das Atlanta noch zu erheblichem Wohlstand verhelfen würde; ebenso für Brownie-Kameras, für Phonographen von Victrola und Stegar sowie für »Tourenwagen«, unter anderem für den Stephens Salient Six, Paige, Davis, Essex und Standard Eight.

Als Margaret wieder auf den Beinen war, vergnügte sie sich damit, ins Kino zu gehen – für das sie ihr ganzes Leben lang großes Interesse zeigte. Neun Lichtspieltheater in Atlanta hatten in jenem Sommer Klassiker im Programm: das Rialto *Scratch My Back,* das Forsyth *The Stolen Kiss* und das Criterion *Duds* mit Mary Pickford in der Hauptrolle. Gemeinsame Kinobesuche waren für Margaret und ihre Freunde ein beliebter Zeitvertreib.

Im Sommer 1920 fand zwischen Margaret und ihrer Großmutter eine Entfremdung statt. Wie Finis Farr berichtet, hat Mrs. Stephens das ganze Jahr hindurch, in dem sie bei den Mitchells wohnte, unverhohlen ihr Mißfallen über Margarets Freunde, die diese standhaft verteidigte, zum Ausdruck gebracht. Bei ihrer letzten Auseinandersetzung, die eines Tages spätabends stattfand, wurde sie so wütend, daß sie ihre Sachen packte, ein Taxi bestellte und in das Georgian Terrace Hotel umzog.[29]

Vielleicht waren es nicht so sehr Margarets Freunde, die Mrs. Stephens' Mißfallen erregten, sondern vielmehr deren gröbliche Verletzung der viktorianischen Konventionen.

Auf jeden Fall gehörten Margarets Freunde aus dieser Zeit den obersten Gesellschaftskreisen von Atlanta an, und die Partys, die Margaret besuchte und von denen die Zeitungen gewissenhaft berichteten, fanden in ungeheuer altehrwürdigen Privatklubs statt. Im Piedmont Driving Club und im Druid Hills Golf Club gab es große Abenddiners und im Capitol City Club am späten Nachmittag Gartenpartys mit Festzelten.

Es wurden die vollständigen Gästelisten abgedruckt und die Kleidung in allen Einzelheiten beschrieben. Bei den *Al-fresco*-Tanzdiners im East Lake Country Club trugen Margaret und ihre Freundinnen Kleider, wie sie am 20. Juli 1920 in der *Atlanta Constitution* beschrieben sind: »Eleganter als das konventionelle Nachmittagskleid und nicht ganz so elegant wie eine Abendrobe ... aus leichteren, duftigeren Stoffen und in allen Farben von kräftigen Gelbtönen über Dresd-

29 Farr, S. 53.

130

ner Rosa- und Blautöne bis hin zu den zarten Pastell-
farben eines Regenbogens . . .«

Die Damen-Bridge-Tee-Partys waren äußerst festliche Angelegenheiten, meist zu Ehren einer Besucherin
von auswärts, einer Braut oder einer Debütantin.
Über einen solchen Bridge-Nachmittag im Piedmont
Driving Club berichtete die *Constitution*. Nach den
Spielen wurde auf der Terrasse Tee serviert. Auf jedem Tisch stand ein Korb mit süßen Erbsen, und allen Gästen wurden französische Neuheiten über-
reicht.

*

(Undatierter Brief)
Mittwoch, Mitternacht

Ich bin schon eine Weile im Bett, Al, aber ich konnte
nicht einschlafen. Vielleicht habe ich eine telepathische
Nachricht erhalten. Jedenfalls bin ich sogar zum Schlafen zu müde. Ich bin am Montag hier eingetroffen,
und es war, gelinde ausgedrückt – nein, ich werde es
nicht aussprechen, ich habe geschworen, nicht mehr zu
fluchen –, aber es war die schlimmste Zeit meines Lebens. Montag abend habe ich Dir einen Brief geschrieben, ihn aber am nächsten Morgen wieder zerrissen. Es
war ein einziges Klagelied, und außerdem bin ich
merkwürdig anfällig für nächtliche Einflüsse. Wirklich,
Al, wenn man ein Haus in Ordnung halten muß, ist
man nicht gerade auf Rosen gebettet. Vor allem nicht,
wenn das Haus von oben bis unten geputzt und noch

dazu gemalt oder tapeziert oder mit Stoff beschlagen werden muß und so weiter und so fort. Der Butler, der geglaubt hatte, er sei nur ein Schmuckstück, erfuhr den Schreck seiner kurzen Karriere, als ich am Montag hereinspaziert kam und meinem »Hallo, Leute« gleich noch hinzufügte: »Fenster putzen, Fußböden bohnern, Möbel einwachsen.« Nach zwei Tagen Arbeit (für mich und für ihn — es war harte Arbeit, ihn zum Arbeiten zu bringen!) hielt er mich in Gedanken für die übelste weiße Frau, die Gott je geschaffen hat. Auf jeden Fall habe ich ihn heute rausgeworfen, und jetzt kann ich zusehen, wo ich einen neuen herkriege.

Courtenay ist verreist, aber ich war heute nachmittag mit ihrem Verlobten zum Schwimmen. Er ist genau das, was sich ein Mädchen wünschen kann. Ich beneide sie.

Vielen Dank für Deinen schönen langen Brief, Al. Er liegt seit zwei Tagen oben auf meinem Schreibtisch, und es hat mir sehr geholfen, zu wissen, daß ...

(Brief unvollständig)

*

Als Courtenay im Juli aus Europa zurückkehrte, gab Margaret für sie am 23. in ihrem Haus eine zwanglose Teeparty. Ein paar Tage später lud Courtenays Mutter zu Ehren von Courtenay und ihrer Schwester Mrs. Louis Bell zu einem Tee im Driving Club ein, bei dem Courtenay in ihrem blauen Organdykleid wunderbar aussah. Auch die männliche Welt reagierte auf Courtenays Rückkehr; zwei Tage später besuchte sie das wöchentliche Tanzdiner im East Lake Country Club.

*

Sonnabend, 31. Juli 1920
Atlanta, Ga.

Mein lieber Al — möchtest Du gern Deine »Schulden« bei mir tilgen und mir aus einem schrecklichen Schlamassel heraushelfen? Al, ich bin außer mir, verzweifelt und, was das schlimmste ist, hilflos. Ich liege seit einer Woche im Bett, den Fuß in Gips, und kann nicht raus. Ich hatte das Pech, gegen einen Ziegelstein zu *stoßen*, als ich vor einem Monat oder so an einer flachen Stelle ins Wasser sprang und mir einen der unzähligen kleinen Knochen brach, die zwischen dem Knöchel und den Zehen sind. Ich war so dumm, es nicht gleich behandeln zu lassen, sondern ging tanzen und schwimmen, marschierte und fuhr durch die Gegend, soviel ich konnte, wodurch der Fuß natürlich kein bißchen besser wurde. Am Ende machte er schlapp und ich auch, und letzt liege ich hier also fest. Steve hat ausgerechnet, daß ich mir jeden Sommer drei Knochen breche, und wir fragen uns schon, welcher als nächstes dran ist. Aber um auf die Sorgen zurückzukommen, von denen ich anfangs sprach — Al, ich habe eine Sigma-Ny-Anstecknadel mit Opal verloren. Es war die einzige Nadel von einer Studentenverbindung, die ich je geschenkt bekommen habe außer der von Dir, und bestimmt wird es auch die letzte sein!

Weißt Du noch, wie ich auf der Party an der Uni in Ga. war? Also, ungefähr einen Monat danach oder so, kam er (der Mensch, der mich eingeladen hatte) für ein Wochenende hierher, als er auf dem Rückweg nach Annapolis war. Von dort ging's für ihn weiter nach Honolulu, und er wollte mir eine Nadel schenken. Aber erstens war er ein »Ex«-Schwarm von Court, und zweitens hatte ich Nadeln satt, die mit irgendwelchen Verpflichtungen verbunden sind. Und drittens wußte ich im voraus, daß ich das verdammte Ding verlieren würde. Er hielt mir entgegen, daß Court einen anderen heiraten, daß er den ganzen Sommer bei der Marine sein würde und daß die Nadel mir gehöre. Ich nahm sie unter der Bedingung an, daß ich sie ihm wiedergebe, wenn er zurückkommt. Das wollte er nicht, aber ich blieb hart. Und dann habe ich das verdammte Ding tatsächlich verloren! Kaum war es geschehen, trat eine Situation ein, in der das Vorhandensein einer Anstecknadel absolut notwendig ist. Ich brauche unbedingt eine! Er ist jetzt in Seattle, als nächstes in San Francisco, danach in Panama und Annapolis, und dann kommt er wieder hierher![30] O Gott, o Gott, Alexander! Und in der ganzen Stadt keine einzige Sigma-Ny-Nadel mit Opal! Eine neue, eine *nagel*neue würde mir überhaupt nichts nützen, weil man sofort erkennen würde, daß es nur ein Ersatz ist. Deshalb habe ich meine »Bande« sämtliche Pfandhäuser durchkämmen lassen. Aber sie haben nur eine einfache aufgetrieben. Ich

30 Berrien Upshaw kehrte nach einem kurzen Aufenthalt an der U. S. Naval Academy im Sommer 1920 an die University of Georgia zurück.

bin völlig entnervt! Er ist ein unheimlich netter Junge, und er fände es bestimmt nicht so schlimm, aber ich kann es ihm nun mal nicht sagen. Ich muß eine andere Nadel auftreiben. Al, bitte, bitte, wenn Du je etwas für mich übrig gehabt hast, mußt Du mir helfen! Könntest Du es nicht mal in Chicago versuchen? Vielleicht findest Du dort eine – in Pfandhäusern oder sonstwo –, dann schickst Du mir ein Telegramm mit dem Preis, vite-vite, ja? Wenn Du eine auftreibst, borge ich mir das Geld oder bettle jemanden an oder klaue es mir und schicke es umgehend. Aber da ich so gut wie pleite bin, sieh zu, daß Du sie, so gut es geht, herunterhandelst, ja? Es ist mir schrecklich peinlich, Dich mit meinen Problemen zu belästigen und Dir möglichst noch Ungelegenheiten zu bereiten, aber ich habe sonst niemanden auf der ganzen Welt, an den ich mich wenden kann. Wenn Du keine findest, laß es mich bald wissen, so daß ich meine »Bande« losschicken kann, damit sie das Sig-Haus ausrauben – von ihren eigenen wollen sie sich nicht trennen. Du weißt doch, wie sie aussieht, ja? Irgend so ähnlich wie ein spitzes Malteserkreuz mit einer zusammengerollten Schlange in der Mitte – ungefähr so:

Compris?

Ich werde Dich dafür auch ewig lieben und nett und brav und folgsam sein und Dich nie wieder piesacken oder anschnauzen oder so — bitte, bitte!

Nachdem ich Dir nun mein Anliegen vorgetragen habe, werde ich versuchen, ein bißchen zu schlafen und den Brief zu Ende zu schreiben.

Sonntag nachmittag

Weißt Du, mein Lieber, ich bin sehr froh, daß sich Deine »flüchtige Bekannte vom Smith« um Dein gesellschaftliches Wohlergehen kümmert. Ich finde, Du hast großes Glück, in einer fremden Stadt gleich in die beste Gesellschaft hineinzugeraten, denn gewöhnlich hat ein Fremder in einem fremden Land keine solche Chance. Wenn Du mir auch nur ein bißchen ähnlich bist, läßt Du Dich nicht mit irgendwelchen Leuten ein, solange Du was Besseres haben kannst. Es wird Dir bestimmt nicht schaden, Dich ein bißchen auszutoben, alter Junggeselle. Auch wenn Deine Jugendzeit hinter Dir liegt und Dein Haupt ergraut ist, wird es Dir helfen, nicht in einen dumpfen Trott zu verfallen. Ich hoffe aber, daß Du genügend Kontakt zu Deiner Familie hast, damit sie Dich davor bewahren kann, irgendwelche Dummheiten zu machen. Und wenn wir schon bei Deiner Familie sind: Ich finde es komisch, wie die Dich immer aufgezogen haben, weil ich Dich angeblich »verführe«. Auf dem College hatte Eleanore Fogg[31] ziemliches Interesse an Dir, weil Du ganz aus

31 Eleanore Fogg Mooberry starb 1971.

der Nähe ihrer Heimatstadt kommst, und wenn sie mir schreibt, erkundigt sie sich jedesmal in scherzendem Ton nach Dir – genauso wie alle andern aus »Hen 10«, Pech für Dich. (Bei den zahllosen, viel heftigeren Liebesaffären, die sich im Haus abgespielt haben, habe ich nie begreifen können, warum sie ausgerechnet alle an uns so großes Interesse zeigten! Wahrscheinlich, weil ich mich als einzige immer diskret über das Thema Männer ausgeschwiegen habe, während die anderen immer alles ausposaunen mußten. Folglich trauten sie mir auch alles mögliche zu!) Aber um auf das anfängliche Thema zurückzukommen: Eleanore spürte Gretchen[32] auf, nachdem ich ihr erzählt hatte, daß sie eine Kappa an der Nebraska-Uni ist, und schwärmte in ihrem nächsten Brief wahnsinnig von ihr – wie hübsch und elegant und bezaubernd sie sei. Daß ich fast glaubte, sie zu kennen. Eleanore fragte mich mal, ob ich Dir je irgendwelchen Schmuck aus Deiner Verbindung abgeluchst habe, und ich sagte ihr: Ja, eine Schwesternadel. Tut mir leid, wenn Du deswegen Schwierigkeiten hattest, altes Mädchen, sagte ich zu ihr. Ich hatte ja keine Ahnung, daß sie es Gretchen weitererzählen würde. Ich hoffe, Du und Eleanore, Ihr trefft Euch mal. Sie gehört zu meinen teuersten, aber zugleich betrüblichsten College-Erinnerungen, teuer, weil sie eins der ganz wenigen Mädchen dort war, mit dem ich ich viel gemeinsam hatte – Ideale, Ambitionen, Erfahrungen –, betrüblich, weil ich sie erst fast am Ende kennenlernte und es mich immer noch traurig macht, zu

32 Gretchen Edee, Als Schwester.

denken, was wir alles hätten zusammen tun können, so viele wunderbare Dinge! In ihrem letzten Brief schrieb sie, daß sie Schauspielerin wird.

Vor ein paar Tagen waren Court und Dot McCullough bei mir. Dot ist dieses Jahr mit dem Washington Seminary fertig und hat sich ziemlich von oben herab über die Schule für höhere Töchter in New York geäußert, auf die sie nächstes Jahr geht. Ich merkte, daß sie etwas auf dem Herzen hatte, daß sie sich aber nicht zu fragen traut. Sie wußte nicht, wie sie es anstellen sollte. Dann begann Court, sich meine Photos anzusehen, und als sie zu dem kam, auf dem Du wie ein Filmstar aussiehst, grinste sie und bemerkte: »Er sieht wirklich ein bißchen wie Rupert Brooke aus, nicht?«

Dot spitzte die Ohren. Sie wußte zwar nicht genau, wer Rup ist, aber es hörte sich irgendwie romantisch und anrüchig an.

»Hör zu«, platzte sie heraus und verriet endlich, was ihr die ganze Zeit nicht aus dem Kopf gegangen war, »mir fällt auf, daß Al Edee so ungefähr der hübscheste Junge ist, mit dem Margaret je gegangen ist! Wenn ich in New York auf die Schule gehe, muß ich Al unbedingt kennenlernen! Bitte sag ihm, daß er sich bei mir melden soll!«

»Tut mir leid«, erwiderte ich triumphierend, »aber Al arbeitet jetzt in Chicago!«

Dot fiel regelrecht das Gesicht runter, so enttäuscht war sie.

»Du lieber Gott!« stöhnte sie. »Dabei war er der Grund, warum ich mich für New York entschieden habe, weil ich ihn unbedingt kennenlernen wollte!«

Du siehst, wie berühmt Du überall bist! Court und ich erzählten der armen Dot noch eine Menge weiterer romantischer und aufregender [Dinge] über Dich, die einen ganzen Band von Bertha M. Clay füllen würden, und sie hat keinen größerern Wunsch, als Dich kennenzulernen und zu verführen. Eine verhinderte Romanze?

Al, wir beide haben eine komische Beziehung, findest Du nicht? Ich glaube, ich habe noch keinem Mann mit solcher Ausdauer geschrieben, ohne mich mit ihm zu treffen, an dem ich aber immer noch genauso lebhaft interessiert bin wie bei unserer Trennung. Natürlich habe ich ganz schön viel Briefe geschrieben, »als ich beim Militär war«,[33] aber da hat der Reiz des Krieges mitgespielt und die »Romantik«, und das ist etwas völlig anderes als in Friedenszeiten wie jetzt. Ich nehme an, das ist der Beweis, daß uns eher eine große gegenseitige Zuneigung verbindet als flüchtige Verliebtheit. Aber ich kann mich auch täuschen. Vielleicht würde ich Dir gar nicht gefallen, wenn Du mich jetzt sähest — seit ich erwachsen bin.

Ich war kürzlich in einem schrecklichen Aufruhr, Al. Es ging um die alte Frage, ob ich wieder zur Schule gehen soll. Seit ich ans Bett gefesselt bin, habe ich unheimlich viel nachgedacht. Mehr denn je fühle ich mich zur Schule hingezogen, mehr denn je wünsche ich mir zu erfahren, ob ich zu etwas tauge. Ich kann nichts

33 Nach Aussage eines Mädchens vom College hatte Margaret eine Reihe freundschaftlicher Beziehungen zu Soldaten (außer ihrem Verlobten Clifford Henry), mit denen sie korrespondierte.

Konstruktives leisten, wenn ich jeden Abend eine Verabredung habe und jeden Tag etwas los ist. Da kann ich mich nicht konzentrieren. Ich komme mir vor wie eine sich langsam entladende Batterie. Ich kann doch etwas leisten, wenn nur die Energie in die richtigen Bahnen gelenkt wird. Es ist hart, zuzusehen, wie die Tage verstreichen und die Mädchen wieder in ihre Schulen zurückkehren. Deshalb habe ich mich entschlossen, irgendwann irgendwie wegzugehen von hier, *irgendwohin!* Das klingt eindeutig, nicht wahr? Meine Familie weiß es noch nicht. Ich habe ihnen gegenüber dieses Thema noch nicht zur Sprache gebracht, aber wahrscheinlich werden sie kategorisch dagegen sein. Erst gestern abend hatten Steve und ich einen Streit, weil er behauptete, das College sei für jedes Mädchen der Ruin!

Ich kann nicht ans Smith zurück. Mein Semester ist schon viel weiter. Die meisten meiner Freunde [sind] in alle Winde verstreut. Die Mädchen hier drängen mich, es doch einmal mit Wellesly zu versuchen, aber das wäre fast wie ein Verrat. Ich kann mich einfach nicht entschließen und tappe völlig im dunkeln. Ich möchte wirklich gern aufs College gehen, glaube aber, daß ich mich speziell auf dem Gebiet der künstlerischen Gestaltung oder der Kurzgeschichte weiterbilden sollte. Ach, ich weiß nicht!

Nachdem ich die Idee mit dem Weggehen hatte, habe ich mit »mes affaires« hier reinen Tisch gemacht. Ein ziemlich »schwerer Fall« geht, sans moi, nach Kalifornien. Ein anderer ist völlig degoutiert für seine Firma auf Reisen gegangen. Zwei [sind] im letzten Semester sicher auf dem College aufgehoben und zwei andere fest davon überzeugt, daß ich »verdammt gefühllos« bin! Ich fühle mich so wunderbar frei von allem!

Aber trotzdem, Al, was ich auch sage, ich fühle, es wird bestimmt irgend etwas passieren, das es mir unmöglich macht, wieder zur Schule zu gehen.

Gib mir bitte wegen der Sigma-Ny-Nadel Bescheid. Telegramm per Nachnahme. Und schreib bald.

Peg

*

Ob Al Margaret helfen konnte, indem er ihr einen Ersatz für die verlorene Anstecknadel der Studentenverbindung schickte, wird man nie erfahren, denn die Briefe von Ende Juli 1920 bis Mai 1921 sind nicht erhalten. Diese Monate lassen sich, was Margarets Sicht angeht, nur anhand von Zeitungsartikeln und Gesprächen mit den wenigen noch lebenden Freunden, denen sie sich mitgeteilt hat, rekonstruieren.

Ganz zweifellos waren es ereignisreiche Monate. Am 11. August nahmen Courtenay und Margaret an der Sonnenwendfeier und dem Tennentanz teil, den die Joseph-Habersham-Gruppe der *Daughters of the American Revolution* veranstaltete. In den folgenden Augusttagen machte sie Ferien am Kanuga Lake in North Carolina.

Als sie zurückkam, stand ihr Debüt vor der Tür, und sie hatte mit Kleidern und Partys zu tun und schenkte den nationalen und internationalen Nachrichten dieses Herbstes wahrscheinlich nur geteilte Aufmerksamkeit: Präsident Woodrow Wilson war erkrankt, nachdem ihn der Mißerfolg der League of Nations bitter enttäuscht hatte. Der Samenkäfer hatte in diesem Jahr an den Baumwollfeldern einen Schaden von hundert Millionen Dollar angerichtet, und in Irland waren bei einem Massaker in Dublin sechzehn britische Offiziere getötet worden, worauf ein britischer Panzerwagen die Zuschauer eines Fußballspiels unter Beschuß nahm.

In der *Constitution* vom 26. September sind Margaret und Courtenay mit einer »Gruppe Debütantinnen der gesellschaftlichen Saison 1920 und 1921« abgebildet. Die jungen Mädchen trafen sich bei Dorothy Bates in der 11. Straße; sie wählten Virginia Walker zur Präsidentin des Klubs und machten Pläne für ihren Auftritt bei einem Halloween-Ball.

Courtenay hatte nicht die Absicht, ihr Debüt zu geben. Kurz nach seiner öffentlichen Bekanntgabe am 26. teilte sie ihrer Mutter mit, daß sie »Captain Mac« heiraten und ihn zu seiner neuen Stellung auf den Philippinen begleiten würde.

Margaret wartete draußen »im Hudson«, während Courtenay mit ihrer Mutter sprach. Courtenay erzählte, daß sie und Margaret danach »ungefähr vier Stunden lang« herumfuhren und sich überlegten, wie Mrs. Billups wohl reagieren würde. Als die Mädchen zurückkamen, stellten sie fest, daß sie kapituliert und bereits in der Kirche und im Klub angerufen hatte, um die Vorbereitungen für die Hochzeit am 21. Oktober zu treffen.

Mr. und Mrs. Billups gaben die Hochzeitspläne am

3. Oktober bekannt, und unmittelbar darauf begannen die Partys für Courtenay. Margaret veranstaltete für sie am Abend des 7. Oktober bei sich zu Hause ein Büfett. Am 8. Oktober gab der D. T. Club[34] zu Ehren der zukünftigen Braut Courtenay und der angehenden Debütantin Margaret einen Theaterabend. Es folgten noch weitere Feste für die Braut: am 9. ein Abendessen mit Tanz bei Martha Bratton, am 10. ein Bridge-Tee bei Mrs. Frank Foley jr., am 15. eine Bridge-Party bei Dorothy Bates, am 17. ein Abendbüfett mit Virginia Walker als Gastgeberin.

Am 18. Oktober gab Margaret noch einmal eine Bridge-Party mit Lunch. Das Haus war mit roten Dahlien und Rosen geschmückt, und Margaret trug »dazu ein passendes Kleid aus schwarzem Taft«. Am selben Abend gaben Helen und Lethea Turman in ihrem Haus in der Hexagon Hall eine Dinnerparty. Anschließend »zogen die Gäste in fröhlicher Stimmung zur Southeastern Fair«.

Am Abend vor der Hochzeit gab Courtenay im Atlanta Woman's Club für Ellen Craft aus Memphis, Tennessee, eine der Brautjungfern, eine Party; und als Generalprobe bewirtete die Brautjungfer Mary Wooldrige die Hochzeitsgäste bei einem Abendessen.

Am nächsten Morgen versammelte sich die Hochzeitsgesellschaft in der Episkopalkirche St. Luke, und um zwölf Uhr mittags wurde Courtenay die Frau von Lt. Bernice M. McFadyen. Das *Atlanta Journal* berich-

---

34 War das der »D. T. baseball club« aus ihrer Kindheit? Gastgeber waren Henry Angel, Henry Flournoy und David Hitchcock.

tete über die Hochzeit überschwenglich. Courtenay »war in ihrem braunen Kostüm aus Velveton[35] mit bestickter, perlenbesetzter brauner Bluse, einem Hut in Bronze und Hellbraun von hinreißender Schönheit … sie trug Zobelpelze«, Brautjungfer Margaret »ein hübsches Kleid aus weichem braunem Satin mit einem weiten reifrockartigen Überrock und einem Gürtel aus Goldborten«.

Das frischvermählte Paar fuhr für ein paar Tage nach New Orleans und von dort nach San Francisco, von wo aus es mit dem Schiff zu den Philippinen weiterging.

Margaret hatte nicht viel Zeit, ihrer Freundin nachzutrauern. Ein paar Tage nach der Hochzeit nahm sie an den ersten der großen Debütantinnenpartys der Saison teil, ein Nachmittagstee für Helen und Lethea Turman, den ihre Mutter, Mrs. S. B. Turman, gab.

Im Sommer davor hatte ein Feuer den Ballsaal im Piedmont Driving Club zerstört, wo gewöhnlich die Debüts stattfanden, und die Reparaturen waren noch nicht vollständig abgeschlossen; daher fand der festliche Ball am 30. Oktober, an dem die Debütantinnen offiziell in die Gesellschaft eingeführt wurden, diesmal im Capital City Club statt. Es war, wie die *Atlanta Constitution* bemerkte, eine »glanzvolle Eröffnung der gesellschaftlichen Wintersaison« mit hundertfünfzig Gästen, die im großen Ballsaal und in anliegenden kleineren Speisesälen dinierten. Margaret saß mit den anderen jungen Mädchen an der Tafel für die Debütan-

---

35 Ein weiches Material aus Baumwollseide mit einem Samtgewebe.

tinnen in Gesellschaft und Begleitung vieler annehmbarer junger Männer. Zu ihnen gehörte auch Stephens Mitchell, der während der Debütantinnensaison für besondere Aufgaben zuständig war.

Die Mädchen wurden von Ball zu Ball gefeiert, was eine umfangreiche Garderobe voraussetzte. Am 19. Oktober gaben die Mütter von Dorothy Bates und Virginia Walker einen Empfang für ihre Töchter. Zu diesem Anlaß trug Margaret ein rotes Satinkleid, das mit roten Münzen verziert war. Beim Abendessen mit Büfett, das sie am 21. November gab, hatte sie ein blaues Kleid aus dünnem Seidencrêpe an. Nach Meinung der *Constitution* war es »eines der schönsten Ereignisse der sich über Wochen erstreckenden Festlichkeiten, die rund um das Fußballspiel und den Besuch der zahlreichen Studenten von der University of Georgia stattfanden«. In dem Spiel, das im Ponce de Leon Park ausgetragen wurde, standen sich Georgia und die University of Alabama gegenüber. Georgia siegte, was Margarets Party bestimmt noch festlicher machte. Berrien Upshaw, der zum Fußballteam der University of Georgia gehörte, war wahrscheinlich ebenfalls unter den Gästen.

Ein paar Tage später, am 27. November, gab Margaret für eine zukünftige Braut eine Bridgeparty mit Lunch. Sie trug ein braunes Satinkleid, wahrscheinlich dasselbe, das sie schon auf Courtenays Hochzeit angehabt hatte. In dieser Zeit entwarf sie auch ihr Kostüm für den Maskenball am 5. Dezember, der im Marietta Golf Club ein paar Meilen nördlich von Atlanta, stattfand. Die Debütantinnen kamen unter anderem als

»Frühling«, »Winter«, »Spanierin« und »französisches Mädchen«. Margaret nannte ihr Kostüm, das von der *Constitution* als »einzigartig« bezeichnet wurde, »Arbeit«.

Im Dezember fanden noch viele weitere Partys statt. Am 15. Dezember fungierte Margaret als Gastgeberin für eine Bridgeparty, die wohltätigen Zwecken diente. Am 21. lud Mrs. Frank Burr zum Tee zu Ehren ihrer Nichte Lucile de Rake ein, einer Debütantin aus New Orleans. Einige der Debütantinnen aus Atlanta beschrieben Lucile später als »weltmännisch, aber konservativ« und fügten hinzu, daß Margaret von ihr »fasziniert« gewesen sei. Unmittelbar vor Weihnachten ging Margaret zu einer großen Tanzveranstaltung, die Mr. und Mrs. John Lewis Tye für ihre Töchter gaben. Das Haus in der Peachtree Street 740 hatte im oberen Stockwerk einen Ballsaal, der für die Festzeit mit roten Nelken und Weihnachtssternen geschmückt war.

Zu Weihnachten selbst fand ein regelrechter Partytrubel statt, man gab entweder eine Party oder ging auf eine. Margaret hatte ihre eigene »Weihnachtsbaumparty«, die Turmans veranstalteten für ihre Töchter einen »Tag der offenen Tür«, und Virginia Walker lud die Mitglieder des Debütantinnenklubs zu einer Nachmittagsparty ein.

Im Januar erhielten die Debütantinnen, die wahrscheinlich völlig erschöpft waren, eine Verschnaufpause, aber bereits am 2. Februar zog Margaret ihr rosa Taftkleid an und stellte sich den gesellschaftlichen Verpflichtungen wieder als Gastgeberin für ein Abendbüfett, das sie für Blanche Niel aus Macon, eine Freundin von Dorothy Bates, gab. Unter den Gästen war auch Berrien Upshaw.

Im Verlauf des Februars bereiteten die Debütantinnen einen Wohltätigkeitsball vor, der am 1. März im Georgian Terrace Hotel stattfinden sollte. Diese Veranstaltung schuf in der Folge für Margaret neue Probleme. Die Debütantinnen beabsichtigten, eine elegante Party zu geben, als Thema dafür wählten sie die französische Geschichte. Die Dekorationen waren sehr kunstvoll, und zur Unterhaltung würde ein Tanzwettbewerb beitragen.

Margaret und ihr Begleiter A. Sigmund Weil aus Tampa, Florida, entschieden sich für den Apachentanz, eine dramatische Darstellung der Pariser Unterwelt mit ihren Schurken und Verbrechern. Mr. Weil, Student am Georgia Institute of Technology, der Margaret häufig zu Hause besuchte, »um am Kamin zu sitzen und zu reden«, war außerdem Tanzlehrer in Atlanta. Er arbeitete für Arthur Murray, ebenfalls Student am Georgia Tech, der zu Beginn seiner beruflichen Karriere im Untergeschoß des Georgian Terrace Hotel ein Tanzstudio eröffnet hatte. Mr. Weil sagte, er und Margaret hätten hart gearbeitet, um den Apachentanz einzuüben; sie sahen sich sogar mehrfach einen Film an, der davon handelte und *Four Horsemen of the Apocalypse* hieß.

Daß der Tanz ein Erfolg wurde, ist sicher; die Zeitungen brachten Photos davon, und für Stephens Mitchell war er in seinen Memoiren, die er für das Bulletin der Atlanta Historical Society schrieb, ein Beweis für Margarets tänzerische Begabung.

Manche der Älteren fanden es schockierend; die Mutter einer Debütantin soll gesagt haben: »Ich dachte, das sei ein Indianertanz ... Und habt ihr gesehen, wie er sie *geküßt* hat?«

Den Tanz hätte man Margaret vielleicht verziehen, aber sie hatte schon vorher einen schweren Fehler begangen. Als sich die Debütantinnen mit den Mitgliedern der Junior League trafen, um zu beraten, für welchen wohltätigen Zweck der Erlös des Balls verwendet werden sollte, war sie die Sprecherin einer Gruppe Mädchen, die der Meinung waren, daß keine Vorschriften gemacht werden sollten. Als es zur Abstimmung kam, siegten die Mitglieder der League, und der 500-Dollar-Erlös ging an ein Heim für unheilbar Kranke.

Ein paar Monate später wurden Margaret und die beiden anderen, die mit ihr gestimmt hatten, nicht in die Junior League aufgenommen. Eines dieser Mädchen erhielt später die Mitgliedschaft, aber Margaret nie mehr. Courtenay sagte, daß Margaret nie darüber gesprochen habe, und fügte mit einem Achselzucken hinzu: »Ich glaube nicht, daß es ihr etwas ausgemacht hat.« Stephens Mitchell drückte jedoch später einmal in einem Interview sein Bedauern darüber aus. Er sagte, daß es zusammen mit ihrer katholischen Herkunft »ihre Heiratschancen gemindert« hätte.

Trotz dieser Schwierigkeiten verstand Margaret es jedoch weiterhin, den Männern den Kopf zu verdrehen. Dr. Robert E. Latta, ein junger Zahnarzt, der von ihrem Charme bezaubert war, gab am 14. März im Georgian Terrace Hotel für hundert geladene Gäste ei-

nen Ball. Margaret, Stephens und Berrien Upshaw gehörten zu den Glücklichen, die dabei Gelegenheit hatten, Miss Rosa Ponselle, Primadonna der Metropolitan
Opera Company, kennenzulernen, die Dr. Lattas Ein-
ladung angenommen hatte und nach ihrem Auftritt an
der Party teilnahm.

Trotz des hektischen gesellschaftlichen Lebens war
Margaret keineswegs in guter körperlicher Verfassung,
wie aus dem folgenden Brief hervorgeht, den sie ver-
mutlich im Mai 1921 geschrieben hat.

*

Al, Liebster —
wahrscheinlich hast Du mich schon abgeschrieben,
weil ich Deinen Brief nicht früher beantwortet habe.
Erinnerst Du Dich an den schweren Unfall, den ich im
vergangenen Herbst hatte und von dem ich Dir berichtet habe? Nun scheinen sich seit zwei Wochen die »inneren Verletzungen«, von denen ich sprach, leider be-
merkbar zu machen. Ich habe mich verzweifelt gegen
eine Operation gewehrt. Bitte verzeih mir also, Al, bitte. Ich konnte Dir nicht schreiben. Aber ich bin viele
Nächte lang hier gelegen und habe mir vorgestellt, wie
Du mich verfluchst.

Offenbar habe ich mir irgendwas gequetscht, als
mein edler Gaul über mich weggetrampelt ist, und die
Ärzte mit ihrer üblichen liebenswürdigen Neugier
wollen es sich jetzt unbedingt aus der Nähe ansehen.
Ich selbst habe jedoch volles Vertrauen in die heilen-
den Kräfte der guten alten Mutter Natur und versuche,

149

mich zu schonen und mich schön ruhig zu verhalten. Außerdem bin ich nicht besonders versessen darauf, irgend jemandem meine inneren Ornamente vorzuführen, wenn ich nicht mal selbst zusehen kann. Auf jeden Fall war ich schrecklich krank, aber das Schlimmste habe ich, glaube ich, hinter mir. Wenn ich kann, fahre ich am 28. mit Dot Bates (eine der diesjährigen Debütantinnen) in Richtung Norden. Sie hat Verwandte in Va., bei denen wir einen Tag oder so bleiben, bevor wir uns in Annapolis in die »Juniwoche« stürzen. Falls ich da lebend wieder rauskomme, geht's sofort [weiter] nach Sound Beach, Conn., um Mrs. Henry zu besuchen (auch zusammen mit Dot).

Vor zwei Monaten wurde Cliffords Leiche nach Hause überführt, und ich hätte eigentlich dabeisein sollen, lag aber wie üblich im Bett. Ich möchte sehr gern dem Smith einen Besuch abstatten, habe aber keine Ahnung, ob Schule ist oder nicht. Ich habe Deinen Brief verloren und kann mich nicht mehr an das Datum erinnern, das Du mir genannt hast. Ich würde Dich sehr gern wiedersehen. Wenn nötig, fahre ich direkt von Annapolis aus dorthin. Es wäre furchtbar, wenn ich nicht kräftig genug wäre, das alles zu schaffen, nicht?

Ich frage mich, ob ich Dir wohl gefallen werde. Wahrscheinlich wirst Du mich gar nicht wiedererkennen! Ich glaube, ich sehe jetzt ein bißchen besser aus, und ich ziehe mich auch anders an. Im Augenblick bin ich mit meiner geistig-seelischen Verfassung völlig am Boden – außer »Schneid und Sinn für Humor« ist mir nichts geblieben. Es geht mir eine Menge schief, aber

150

schließlich ist es auch ermutigend, zu wissen, daß ich Mut habe! Ich bin gespannt, ob ich Dir gefalle. Würde Dir ein Mädchen gefallen, das mit neunzehn kein bißchen blasiert oder verbittert ist, sich aber auch keine Illusionen mehr macht über die menschliche Natur und die »große, weite, wunderbar schöne Welt«? Ein Mädchen, das nicht unbedingt wissen will, was der nächste Tag bringt, und das keinerlei Interesse an ihrer eigenen Zukunft hat? Das seine eigenen Vorstellungen von Recht und Anstand hat und strikt nach ihnen lebt — sich aber nie über die Fehler und Mängel anderer Menschen aufregt oder ärgert, einfach deshalb, weil es von den Menschen absolut nichts erwartet. Ein Mädchen, das, obgleich es gut findet, daß die reine und selbstlose Liebe tatsächlich existiert, dennoch alle Hoffnung verloren hat, jemals selbst wieder irgendeine andere Liebe zu spüren als die kameradschaftlicher Zuneigung?

Siehst Du, das bin ich, und ich könnte noch ewig fortfahren, aber ich will Dich nicht langweilen. Schätze, ich habe jedes Grämmchen Mut und Optimismus darauf verwendet, wieder gesund zu werden — so daß für meine »geistigen Bedürfnisse« nichts mehr übrig ist.

Schreib mir, und teile mir mit, ob Du in den Norden fährst und wann. Dot Bates läßt Dir alles Gute wünschen. In Courts letztem Brief steht, daß ich Dich grüßen soll. Sie ist so schrecklich glücklich, daß ich sie zermalmen könnte! Bitte, lieber Al, bete für mich, daß ich alles heil überstehe.

Immer, Peg

*

Atlanta, Ga.
1. oder 2. August 1921
Montag

Al, Liebster —

vor fünf Minuten kam Dein Brief, und nur um Dir zu
zeigen, daß ich nicht nur meine Innereien in Ordnung
zu bringen versuche, sondern auch mein Verhalten,
antworte ich Dir »promptement«. Was nicht stimmt
mit mir? — Nichts, gar nichts stimmt! Im letzten
Winter hatte ich vier schwere Unfälle, und bei einem
mußte ich zwei oder drei Wochen im Bett bleiben
(weiß nicht mehr, bei welchem). Ich rechnete mir aus,
daß ich unter diesen Umständen das Jahr nicht überle-
ben würde und daß es daher besser wäre, mich gleich
umzubringen, je eher, desto besser. Kommt mir heute
ziemlich merkwürdig vor, diese Idee, denn im Augenblick gefällt mir das Leben verdammt gut! Jedenfalls
stellte man fest, daß bei mir von der Taille abwärts
so gut wie nichts am richtigen Fleck saß und in alle
möglichen verkehrten Richtungen ragte. Da die
Gedärme zusammengewachsen waren, hätte ich es
vielleicht noch etwa zwei Monate gemacht. Natürlich
waren alle Nervenzentren wild verdreht oder gänzlich
aus den Angeln, so daß ich völlig fertig war mit den
Nerven.

Mit anderen Worten: Ich war in einer schrecklichen
Verfassung. Dank dem Allmächtigen werde ich es hoffentlich schaffen, auch wenn es seine Zeit braucht. In
den nächsten vier oder fünf Monaten ist nichts mit
Tanzen und mit Schwimmen, erst wieder im nächsten

152

Sommer, keinerlei Aufregung, und wer weiß, wann ich wieder reiten oder Auto fahren kann. Dabei hätte ich im Herbst so gern Polo gespielt. Aber ich bin schon dankbar, daß ich wenigstens wieder lachen kann wie früher und »Vertrauen in die Unerschöpflichkeit der Liebe« habe und »daran glaube, daß alles gut wird«, wie Scott Fitzgerald sagt.

Auf die Frage, wer an jenem denkwürdigen Abend im Saint Joseph's[36] in meinem Zimmer war, muß ich leider gestehen, daß keiner der fünf zu meiner Familie gehörte. Der eine war Leutnant Jimmy Howat aus Camp Benning, unerlaubte Entfernung von der Truppe; Nummer zwei war »der Engel«.[37] (Ich glaube, ich habe Dir vor Ewigkeiten von ihm berichtet – als Du mich beschuldigt hast, ich würde mich mit vielen Jungen küssen – und Dir auch erzählte daß ich ihn geküßt habe, als er mir gestand, wie sehr ich ihm dabei helfe, vom »Schnaps und den liederlichen Weibern loszukommen«); Nummer drei war ein kleiner Doktor, der während des Krieges bei der britischen Kavallerie diente, ein zynischer kleiner Teufel; Nummer vier war Red Upshaw, Ex-Annapolis, Ex-Uni von Ga. – Fußballspieler – und außerdem Exliebhaber von Court. Ich habe ihn vor anderthalb Jahren von ihr geerbt. Nummer fünf war Winston Withers,[38] Viehzüchter in Alabama, aus der Prärie, ebenfalls eine Erbschaft. Er

---

36 St. Joseph's Hospital.
37 Henry Angel.
38 Winston Withers aus Greensboro, Alabama, war während des Weltkriegs in Atlanta stationiert und gehörte zu Margarets und Courts Clique.

war ganz verrückt nach einer Freundin von mir, und ich habe ihm dabei geholfen, als er versuchte, sie zu entführen und zu heiraten. Leider aber hatte sie nichts übrig für solche Steinzeitmethoden, und ein paar von ihren Bemerkungen darüber haben seine Gefühle für sie dann ein wenig abgekühlt. Er hat einen Mann ins Krankenhaus befördert, der versucht hat, mich zu küssen, und von da an waren wir gute Kumpel.

Nein, von meiner Familie war keiner da; ich sollte doch keine Besucher haben, weil ich ziemlich krank war und mit Morphium vollgepumpt. Ich wußte gar nicht, daß die Jungen in die Stadt kommen wollten — erst als sie bei mir aufkreuzten und die Schwester bestachen, sie reinzulassen. Keiner von ihnen wußte, daß die anderen auch kamen, so daß es für alle eine Art Überraschungsparty war. Obgleich ich so krank war, fand ich die Sache ziemlich komisch, denn es war das erstemal, daß sie alle auf einen Haufen da waren, ohne daß es auch nur im geringsten peinlich gewesen wäre. Jim und Red mögen sich nicht besonders, weißt Du, fühlen sich aber durch gemeinsame Abneigung gegen den »Engel« miteinander verbunden. Der kleine Doktor verschont höchstens den »Engel« mit seinem Sarkasmus, und Winston, der Gute, ist mit jedem gut Freund. Begreifst Du, Al, was das für eine tolle Party war? Die Schwester gab mir noch ein Kissen und noch einen Schuß, und ich war fast wieder normal. Du kannst sagen, was Du willst, Al, aber ich bin keine skrupellose Verführerin, ich habe keinem dieser fünf Männer etwas vorgelogen — und ich habe sie auch in keiner Weise getäuscht. Jeder von ihnen weiß genau, wie er bei mir dran ist und auch wie es um die anderen vier bestellt ist. Wenn ich Red zum Abschied einen Kuß gebe, [wenn] er für zwei Monate wegfährt, wissen die anderen vier davon und genauso umgekehrt. Wir hatten an dem Abend eine einzigartige Unterhaltung mit Winston als »Vorsitzendem«.

Ich bedankte mich bei allen dafür, daß sie mir so geholfen und mich in den vergangenen sechs Monaten immer wieder aus schwierigen Situationen gerettet haten. Winston wandte sich mit folgenden Worten an die Versammelten: »Liebe Mitleidende, die ihr hier in gemeinsamer Sache versammelt seid«, und fragte mich dann, ob ich mit meiner Entscheidung schon weitergekommen sei. Das verneinte ich und erklärte, daß ich sie alle gern hätte und ihnen für alles, was sie für mich getan hatten, dankbar sei, daß ich aber nicht die Absicht hätte, irgendeinen von ihnen zu heiraten.

Darüber schienen sie nicht weiter traurig zu sein, denn sie stellten den Antrag, daß ich zur »Gemeinschaftsverlobten« gewählt werden sollte. Der Antrag wurde unterstützt und durchgebracht, und dann gaben sie mir alle fünf einen Gutenachtkuß – zu meiner Freude und zum großen Entsetzen der Krankenschwestern.

Jetzt, nachdem ich wieder gesund bin, ist mir völlig klar, daß ich keinen von ihnen heiraten könnte. Al, es scheint mir irgendwie nicht möglich zu sein, über ein bestimmtes Stadium hinaus zu lieben. Ich würde für jeden meinen letzten Pfennig hergeben und alles Erdenkliche für sie tun, denn ich liebe sie, jeden einzelnen von ihnen und alle zusammen, aber heiraten könnte ich keinen. Sie sind gute Kumpel für mich. Verstehst Du, worauf ich hinauswill? Aber trotzdem ist mir klar, Al, daß ich einen Ehemann und Kinder brauche, um glücklich zu sein. Eigentlich glaube ich nicht besonders an das Glück. Ich weiß, daß ich niemals wirklich glücklich sein kann, aber die Liebe ist noch meine größte Chance. Aber ich kann nicht lieben. Eine merkwürdige Situation, »n'est-ce pas«?

Wenn ich nicht wüßte, was Liebe ist, würde ich sagen, es gibt sie nicht, aber ich weiß, daß es sie gibt, und ich habe sie auch schon empfunden.

Vielleicht sagst Du jetzt: »Du hast eben noch nicht den Richtigen getroffen.« Aber so was wie den »Richtigen« gibt es nicht, Al. Von tausend Männern, die mit den gleichen Voraussetzungen und unter gleichen Bedingungen aufgewachsen sind, aus der gleichen gesellschaftlichen Klasse stammen und die gleiche Erziehung und Ausbildung genossen haben, ist einer wie der andere. Ich bin nicht unfähig, zu lieben, im Gegenteil, ich habe sogar große Fähigkeiten, zu lieben. Ich könnte einen Mann lieben und ihm dabei helfen, daß er es zu etwas bringt. Ich liebe Kinder. Na schön, ich habe einen Hang zum Bizarren und Ungestümen, den ich die meiste Zeit zügeln muß, aber ich glaube, ich käme besser damit zurecht, wenn ich verheiratet wäre. Oje! Manchmal frage ich mich, wie das alles mal enden soll! Nein, mein Lieber, ich bin mit keinem Mann verlobt, vielmehr bin ich »frei und ungebunden wie ein Vogel«. Laß das Bild, bitte, wo es ist.

Liegt Burlington, Iowa, in der Nähe von Chicago? Margaret Wilkinson,[39] eine gute Freundin von mir, fährt zu Besuch dorthin. Ich habe ihr erzählt, daß ich in Chicago einen Amherster Beta kenne, und da sagte sie, daß das Mädchen, zu dem sie zu Besuch fährt, in einen Amherster Chi-Pi verliebt ist. Ich sagte ihr, daß ich Dir vielleicht von ihr erzähle und Du sie vielleicht besuchen kommst, falls es nicht *zu* weit weg ist und Du nicht gerade *zu* müde bist. Sie ist sehr hübsch und klug — eine waschechte Südstaatlerin ... Du brauchst ihr nur zu sagen, daß Du nicht mein »Lieblingsbeta« bist! Ich muß jetzt aufhören, weil ich immer gleich müde werde, wenn ich so lange sitze, schreib also bald, mein Alter, und ich werde mir Mühe geben, eine bessere Briefpartnerin zu sein als in letzter Zeit.

Wie immer
Peg

*

Sonntag, 21. August 1921

Al, mein lieber Alter —
vielen Dank für Deine prompte und ausgiebige Antwort auf meinen Klagebrief. Ich war sehr froh, als Dein Brief ankam, aber nicht froh über das, was Du über Dein Leben in Chicago schreibst. Ich kann mir denken, daß es ganz schön deprimierend sein muß,

39 Margaret Wilkinson aus Atlanta.

wenn man das Gefühl hat, beruflich nicht so gut vor-
anzukommen und nicht das zu erreichen, was man sich
erwünscht hat. Schätze, das ist besonders schwer,
wenn man — so wie Du — nur ein Rädchen in einem
so großen Betrieb ist. Was für Arbeit würdest Du denn
bekommen, wenn Du nach Hause zurückgingst, Al?
Bestimmt würde sich Deine Familie freuen, Dich wie-
derzuhaben, und ich glaube, Al, daß es in vielerlei
Hinsicht gut für Dich wäre. Das Leben in einer großen
Stadt ist immer ziemlich einengend und künstlich.
Wenn Du in Deiner »Heimatstadt« wärst, hättest Du
viel mehr Muße und wärst am Abend nach einem langen Arbeitstag nicht so erschöpft. Und dann würdest
Du auch mehr Menschen auf eine echte, freundschaft-
liche Weise kennen und mehr Gelegenheit zu normalen Bindungen haben. Ich habe oft über Dich nachgedacht, Al, und mir überlegt, ob Du eigentlich genügend ausspannst, jedenfalls soviel Du nötig hättest. Du
hast in Deinen Briefen oft davon gesprochen, daß Du
bald ein »alter Hagestolz« sein wirst, eine Bemerkung,
die ich etwas ungläubig aufgenommen habe. Ich konnte den »Junggesellen« irgendwie nicht mit dem super-
weltmännischen, gewandten jungen Studenten in Ein-
klang bringen, der so gut mit Frauen umzugehen verstand und gern kluge und zynische Bemerkungen über
sie machte, ein solches Schandmaul, und dessen liebster Zeitvertreib darin bestand, unschuldige junge Din-
ger Berghänge hinunterzujagen. Ich habe heute Dein
Amherster *Olio*[40] hervorgeholt und durchgeblättert

40 Amherster Jahrbuch.

und mir meine ganzen Kodaks vom College und von unseren Picknickausflügen angesehen. All die vielen wunderbaren Erinnerungen kamen wieder zurück!

Ach, Al, ich war viel zu jung, um von zu Hause weg und aufs College zu gehen. Wie sich herausstellte, war es ein Glück für mich, daß ich es tat, denn später hätte ich nie mehr Gelegenheit dazu gehabt – Mutter ist ja so früh gestorben. Aber jetzt bin ich wohl alt genug, um das College schätzen zu können. Falls ich eine Tochter haben sollte, würde ich sie nicht ans Smith schicken, bevor sie neunzehn oder zwanzig ist – bevor sie nicht sehr viel mehr praktische Lebenserfahrungen mit der Welt, dem Fleisch und dem Bösen gesammelt hat als davor ihre Mutter mit sechzehn oder siebzehn! O nein, ich will damit nicht sagen, daß ich ein dummes, ahnungsloses, naives kleines Ding war! Ich wußte mehr, als für mich gut war – theoretisch, ja, aber praktisch hatte ich keinen blassen Schimmer. Verstehst Du, was ich meine, Al? Irgendwann, wenn wir uns wiedersehen und von den guten alten Zeiten reden, werde ich Dir ein paar Dinge über das Haus erzählen, in dem ich gewohnt habe. Wahrscheinlich hast Du ein bißchen davon gewußt. Ich könnte jede Wette eingehen, daß Hen 10 drei, wenn nicht mehr der wildesten Mädchen vom College beherbergt hat! Ich weiß das, denn ich hab' sie abends immer reingelassen. Aber es gab dort noch eine Menge anderer merkwürdiger Dinge. Und außerdem: Ich habe dort nie meinen Platz gefunden. Wäre ich zurückgegangen, hätte ich mir dort bestimmt Freunde geschaffen. Aber so habe ich einfach nicht ins Hen 10 gepaßt. Meine Zimmergefährtin, die Du nicht kennengelernt hast, weil sie nach Weihnachten weggegangen ist, und Red Baxter waren so ungefähr meine einzigen Freunde. Ich weiß nicht, was ich ohne Dich gemacht hätte, Al. Allerdings war ich auch für Dich noch ein bißchen zu jung. Ich frage mich, wie es wohl sein würde, wenn ich Dir jetzt zum erstenmal begegnete – aber Du hast Dich natürlich auch verändert. Ich glaube, wir beide haben ein wunderschönes Zwischenspiel erlebt – vor der herrlichen Kulisse des Frühlings über dem Connecticut, ein einmaliges Privileg, und beide mit dem Gefühl, daß es unsere letzten sorglosen Tage sein würden. Heute abend habe ich aus irgendeinem Grund alles ganz deutlich vor mir. Es ist fast so, als säße ich im Kino und sähe vor mir auf der Leinwand eine Geschichte ablaufen.

Mrs. Smith war furchtbar erbost, weil ich an jenem Abend so lange mit Dir aus war (übrigens habe ich später erfahren, sie sei noch viel erboster darüber gewesen, daß ausgerechnet Du *mich* mochtest und keine andere!). Der Glee Club und die Spitze von Mount Tom – der See und die Landschaft – Paradise Pond im Mondschein – Child's Estate, allen Liebenden im Herzen teuer – aber mehr noch als alles andere die Steintreppe vor dem großen Haus, oben in der Henshaw Street, mit den Rosen und Büschen überall. Ich liebe diesen Platz, Al. Manchmal, wenn ich daran denke, frage ich mich, ob es dort oben noch immer so still und einsam ist wie damals, als wir die Stufen besetzt hielten, und ob die Rosen für die Amherster Pärchen, die in diesen Tagen dort sitzen, genauso süß duften. Ach je! In einer Anwandlung von Offenheit habe ich

Dir einmal erzählt, daß ich eines Abends einen anderen Mann mit dorthin genommen habe – einen alten Amherster, einen Psi-Y. In der schönen Abgeschiedenheit dieses Plätzchens habe ich das »Fini« unter ein Kapitel gesetzt. Ich hatte Billy[41] Anfang 1917 bei einem Fliegerball kennengelernt, den Courtenay veranstaltete. Es ging alles ziemlich schnell, denn als wir uns das nächstemal sahen, wollte er mich gleich heiraten. Ich sah ihn dann noch ein einziges Mal, bevor er abberufen wurde, und merkte, daß es ihm ernst war. Trotzdem gab ich ihm nicht mal einen Kuß zum Abschied. Er hat mich ungeheuer beeindruckt, um nicht zu sagen, vom Sessel gerissen. Er fuhr also weg, und wir schrieben uns während des ganzen Krieges bis zum Frühjahr 1919. Dann kam er nach Hamp. Weißt Du was, Al, es gibt in ganz Hamp keinen Ort, wo man sich mit jemandem ungestört treffen kann. Die ersten paar Male, als er kam, setzten wir uns entweder auf den Werkzeugkasten bei der neuen Sanitätsstation, auf die Treppe zur Zoologie oder auf die Stufen zum Bootshaus. Ich war schon ganz verzweifelt und schleppte ihn schließlich hinauf zu unserer Treppe, und dort haben wir es dann ausgefochten. Er war ein netter Kerl, und ich werde ihn nie vergessen, aber heiraten konnte ich ihn nicht. Ich habe ihm nicht einmal einen Kuß gegeben, obgleich es ein Abschied für immer war. Ich glaube, das hat ihm weh getan. Er hat den Kopf in meine Hände gelegt, und ich – ich saß da und mußte an Dich denken! O du unbeständiges Frauenherz!

41 Morris H. Williams.

Soviel zu meinen Liebesabenteuern. Ich werde Dich aber heute abend nicht noch mehr langweilen, denn ich muß jetzt ins Bett.

Dieselbe Nacht – später

Ich konnte wie üblich, nicht schlafen und bin also wieder da. Al, sag mir bitte ganz ehrlich, ob Dich meine persönlichen Erinnerungen (wie die auf den vorigen Seiten) langweilen. Wenn ich mit dem Schreiben anfange, ist es fast, als würde ich mit Dir reden, und dann höre ich nicht mehr auf. Du hast mich schon mehrmals nach Cliff gefragt. Ich habe mir oft überlegt, was Du wohl über ihn gedacht hast damals in Hamp. Ich werde nie vergessen, wie ich Dir zum erstenmal von ihm erzählt habe. Wahrscheinlich weißt Du es nicht mehr. Ich glaube, ich habe fast geweint. Jedenfalls war mir ganz erbärmlich zumute. Du bist eine Weile ganz still dagesessen in der Dunkelheit und hast dann ohne ein Wort Deinen Arm um meine Schultern gelegt und mir einen Kuß gegeben. Einen höchst merkwürdigen Kuß – mitfühlend und liebevoll, aber auch ein bißchen gereizt. Ich nehme an, Du hast es vergessen.

Al, ich glaube, Du kennst mich gut genug, um zu wissen, daß ich einen viel zu klaren Kopf habe, um zuzulassen, daß irgendein anderer Mensch, tot oder lebendig und egal wie teuer, mein Leben ruiniert. Ich möchte *einen* Mann lieben und von ihm geliebt werden – vor allen anderen Frauen. Ich möchte heiraten und meinem Mann beistehen und gesunde, ehrliche Kinder aufziehen. Die einzige Schwierigkeit ist nur, daß ich es nicht fertigbringe, irgendeinen Mann genügend zu lieben. Ich habe mich bemüht − oh, wie ich mich bemüht habe! −, aber es klappt nicht. Ich denke nicht bewußt an Clifford. Aber ich kann fühlen, daß er mich nie verlassen hat. Ich kann es Dir nicht erklären, weil Du mich bestimmt für verrückt halten würdest oder für das Opfer meiner eigenen übermächtigen Phantasie. Würdest Du mir glauben, wenn ich Dir sagte, daß ich nie allein bin − außer wenn ich gerade drauf und dran bin, irgendwo Unfug anzurichten, von dem ich lieber die Finger lassen sollte. Glaub mir, das ist ganz praktisch. Ich stehe hier in dem Ruf, Männer schnell und genau einschätzen zu können. Ich irre mich selten, aber falls doch, dann nur deshalb, weil ich mich auf mein eigenes Urteil verlassen habe und nicht auf das von Clifford. Nennst Du das etwa eine Torheit, Al, oder Einbildung? Habe ich Dir je erzählt, wie mich diese verdammte Torheit schon vor äußerst unangenehmen Situationen bewahrt hat? Ich will Dir nur ein einziges Beispiel nennen.

Einmal bin ich mit einem regelrechten Banditen zu einem Tanz im Country Club gegangen. Besonnenheit und die »Stimme in mir«, die ich vorhin erwähnte, waren entschieden dagegen, aber ich war so dumm zu glauben, daß ich mit ihm fertig würde. Um es kurz zu machen − wir machten uns ziemlich spät auf den Heimweg. Ich fiel fast um vor Müdigkeit, zehn Meilen außerhalb der Stadt fuhr er in eine Seitenstraße und hielt an. Dann wurde er ganz schön zudringlich, Al, und das ist noch vorsichtig ausgedrückt! Obgleich ich seinen schlechten Ruf kannte und wußte, daß die

Chance sehr gering war, hier Freunden von mir zu begegnen, hatte ich gar nicht mal so große Angst, sondern vielmehr Wut auf mich selbst.

»Du bist dir deiner selbst immer so verdammt sicher und glaubst, mit jeder heiklen Situation fertig zu werden«, sagte er. »Und jetzt sitzt du in einer drin. Was wirst du also tun, meine Kleine?«

Al, ich sah ihn an und hätte mir am liebsten selbst in den Hintern getreten. Die Straße war schwarz wie Tinte, und nur die Beleuchtung am Armaturenbrett war an. Und dann *spürte* ich etwas neben mir, das mich aufforderte, mich zusammenzureißen, und ich drehte mich ganz unwillkürlich zur Seite, weg von meinem Begleiter, und lächelte diesem Etwas zu, was immer es sein mochte. Nur um zu zeigen, daß ich keine Angst hatte. Dann sah ich meinem Begleiter ins Gesicht. Er blickte über meine Schulter in die Dunkelheit, Al, mit weit aufgerissenen Augen und einem ganz sonderbaren Ausdruck von Furcht und Erstaunen im Gesicht. Ich fragte mich, was er wohl sah oder zu sehen glaubte! Es muß ganz schön gewaltig gewesen sein, um ihm einen solchen Schreck einzujagen! Auf jeden Fall musterte er mich mit einem unheimlich starren Blick und fuhr mich auf schnellstem Weg nach Hause, wobei er sämtliche Geschwindigkeitsrekorde brach. Seitdem ist er nicht mehr in meine Nähe gekommen, aber wenn es sich nicht umgehen läßt, strengt er sich unheimlich an und behandelt mich mit der größten Hochachtung. Das ist allen schon aufgefallen. Aber das ist nur *ein* Beispiel für viele!

Mir war so übel, daß ich nicht zu Ende schreiben konnte, aber die nächste Rate folgt morgen oder heute abend.

Peg

*

Im Oktober hatte sich Margaret wieder so weit erholt, daß sie an der Hochzeit ihrer Freundin Helen Turman mit Morris Markey aus Richmond, Virginia, teilnehmen konnte. Die Feierlichkeiten wurden im Stil des alten Südens abgehalten. Die Gäste versammelten sich in Hexagon Hall, dem Elternhaus der Braut, einem großen, weiträumigen Gebäude inmitten eines riesigen Areals, dem Familiensitz der Turmans, südlich von Atlanta. Das Anwesen lag an der historischen MacDonald Road nahe Jonesboro, dem Schauplatz einer entscheidenden Schlacht zur Verteidigung von Atlanta im Jahre 1864.

Außer Margaret waren die Brautjungfern alles Kusinen der Braut. Gemäß dem Bericht in der *Hearst's Sunday American* trugen sie »malerische Roben aus weißem Taft, dem Brautkleid nachempfunden, das einst die Großmutter der Braut angehabt hatte«, mit engen Korsagen und weiten Röcken. Auf dem Kopf trugen sie Gebilde aus alter Spitze, und in den Händen hielten sie altmodische Blumensträuße.

Helen zog mit ihrem Mann nach New York, wo Morris später, als die Zeitschrift *New Yorker* gegründet wurde, in die Redaktion eintrat und die Kolumne »Reporter berichten« ins Leben rief.

Margaret hielt ihre Freundschaft mit Helen durch Briefe und Besuche über die Jahre hinweg aufrecht. Sie blieb auch weiterhin mit Helens Schwester Lethea in Verbindung, die 1922 Edwin P. Lochridge heiratete und in Atlanta lebte. Mrs. Lochridge sagte 1980 in einem Interview, daß ihre Mutter Margaret »bewundert« und daß Margaret Mrs. Turman immer gern zugehört habe, wenn sie vom Bürgerkrieg und ihren Vorfahren und der Schlacht von Jonesboro erzählte. Sie fügte hinzu, daß »Margaret immer so unterhaltsam« gewesen sei und daß sich »Margaret über Leute ärgerte, die ihr Vorschriften machten«, sie sei »sehr unabhängig« gewesen.

*

Donnerstag, Dezember 1921
Atlanta, Ga.

Lieber alter Al –
habe heute vormittag damit begonnen, Deinen Brief fertig zu beantworten, da ich aber nur American-Legion-Papier im Haus hatte, dachte ich mir, ich warte lieber, bis ich etwas Respektableres finde, auf dem ich schreiben kann.

Al, mein Lieber, Du hast völlig recht, wenn Du sagst, ich sei ein Faulpelz, weil ich Dir nicht schon früher geschrieben habe. Auch all die anderen Dinge, die Du freundlicherweise unausgesprochen gelassen hast, stimmten, nur mit Deiner Hauptthese liegst Du falsch.

Mein Schweigen bedeutet nicht, daß ich Dir nicht schreiben *wollte*.

Versuch bitte, mir zu glauben, wenn ich Dir sage, daß ich zu stolz war, Dir zu schreiben. Al, ich habe aufgehört, Briefe zu schreiben, außer wenn ich auf der Leiter oben bin. Ich würde niemandem einen Brief aufbürden, in dem ich über mein schweres Schicksal und meine Verbitterung lamentiere. Das würde ich nie tun, Al, das würde eine Freundschaft zu sehr belasten. Ich fand, daß ich keine fröhlichen oder wenigstens interessanten Briefe mehr schreiben konnte und deshalb lieber warten sollte, bis ich es wieder kann. Ich habe mir im vorigen Monat ein paar Rippen gebrochen und am Thanksgiving-Tag dann noch einmal. Ich bin allmählich daran gewöhnt, mit angeknacksten Rippen zu leben, aber meine moralische Verfassung hat das kaum beeinflußt, es hat mich höchstens um den Schlaf gebracht. Es geht aber jetzt um meine »moralische Verfassung«. Du hast mich mehrmals gefragt, ob ich die Operation gut überstanden habe. In gewisser Weise ja, denn ich habe eine derart elastische Konstitution, die geradezu bewundernswert ist, wenn man bedenkt, wie ich damit umzuspringen pflege. Physisch bin ich fast völlig wieder in Ordnung; ich darf nur nicht reiten und auch nicht Golf oder Tennis spielen und auch sonst nichts Ungestümes tun. Das merkwürdige ist, Al: Solange ich in normaler, ruhiger Gemütsverfassung bin, ist alles völlig in Ordnung. Aber wehe, ich rege mich auf oder ärgere mich oder weine oder bin glücklich — und schon peng! Jeder Muskel scheint zu erschlaffen, und der gute alte Mumm verschwindet, und danach bin ich so erschöpft, daß mir alles egal ist. Hört sich komisch an aus meinem Munde, was, Al? Wo ich doch immer die stärksten Nerven hatte, die man sich denken kann. Im Augenblick kann ich zehn Meilen zurücklegen, ohne eine Schweißperle zu vergießen, aber laß meinen Vater bloß anfangen, sich über mich aufzuregen, oder laß mich einen meiner Tobsuchtsanfälle kriegen (ich glaube, Du hast nie einen miterlebt!), und schon ist es für eine Weile völlig aus mit mir! Verstehst Du, was ich meine?

Als ich aus dem St. Joseph's entlassen wurde, riet mir der Doktor, meine »Gefühle ein Jahr lang in Watte zu packen«. Aber, weißt Du, Al, ich war nie ein besonders stiller Typ, und so ein dumpfes, gefühlloses Dasein fällt mir nicht leicht! Wenn ich mich gerade in ein tolles »emotionales Gelage« gestürzt habe, wie der gute Doc Leslie[42] so was nennt, und jemanden ein paar Stunden lang herrlich gehaßt habe – und die Rückwirkung setzt ein –, dann ist das, als käme eine völlig andere Margaret zum Vorschein. Dann ist mir alles egal – dann scheint nichts mehr zu zählen. Mein Verstand kann meinem lethargischen zweiten Ich vorhalten, was für eine verdammte Närrin ich bin – daß ich alles besitze, was wichtig ist. Wenn ich wieder normal bin, werde ich dicker und gesünder und sehe kein bißchen schlecht aus. Ich habe genug Arbeit, um mich beschäftigt zu halten, treibe genug Spiele, um Spaß zu haben, und bekomme mehr Liebe, als das Gesetz einem einzigen Mädchen erlauben sollte. Und trotzdem,

---

42 Der Arzt Dr. Leslie Morris, der zu Margarets Freundeskreis gehörte.

mein Alter, wenn mich diese düstere Stimmung über-
fällt, dann ist das alles kein Trost. Dann kann ich
nichts weiter tun als hinausgehen ins Freie und laufen,
immer nur laufen. Ich weiß nicht, ob Du das begreifen
kannst. Auf jeden Fall verabscheue ich es, meine leid-
geprüften Freunde mit meinen düsteren Stimmungen
zu belästigen – deshalb schreibe ich nicht. Apropos,
als ich das letztemal »ganz unten« war, habe ich ein
Telegramm an Augusta Dearborn[43] geschickt, mit der
ich im Sommer beim Zelten war, und sie gebeten, zu
den Thanksgiving-Feiern hierherzukommen. Ich fühle
mich in diesem Haus immer so schrecklich einsam, daß
ich fast verrückt werde. Sie kam also, und ich überre-
dete sie, noch etwas länger zu bleiben und dann noch
etwas länger. Meine Freunde waren wunderbar und
veranstalteten für sie alles mögliche von Schnapspartys
bis zu Opossumjagden. Sie ähnelt Court sehr,
und in der Zeit, in der sie hier war, brachte ich es
auf ein Gewicht von 115 Pfund – obgleich wir im
Durchschnitt pro Nacht sechs Stunden schliefen,
von dem gräßlichen Essen auf den Partys ganz zu
schweigen.

Aber jetzt, nachdem sie fort ist, ist wieder alles beim
alten. Weihnachten rückt näher, und ich wünschte, es
wäre schon vorbei. Vater erwartet von mir, daß ich für
seine Verwandten zwanzig Geschenke kaufe, was zur

---

43 Augusta Dearborn aus Birmingham, Alabama, lernte Margaret in Atlan-
ta kennen, als sie ihre Schwester Mrs. Warner W. Croxton besuchte. Im
Sommer 1921 »zelteten« sie und Margaret bei einer Hausparty am Lake
Burton in North Georgia. Sie blieb mit Margaret befreundet. Sie ist mit
Joseph Lee Edwards aus Atlanta verheiratet.

Folge hat, daß mein Vermögen auf 101 Pfund zusammengeschrumpft ist.

Hör zu, Al, was hältst Du davon? Angenommen, ich schicke Dir einen Band von meinem Tagebuch, der bei meinem Krankenhausaufenthalt im Juli anfängt und zu Thanksgiving aufhört? Wärst Du daran interessiert? Daraus könntest Du mehr über mich erfahren als aus meinen Briefen. Allerdings ist alles ziemlich hingekritzelt — aber wenn Du willst, schicke ich es Dir. Du mußt nur gut darauf aufpassen und darfst es nicht verlieren und mußt es mir auch bald zurückschicken.

Schreib mir, ob das kleine Päckchen, das ich Dir geschickt habe, angekommen ist.

Al, ich muß wieder zum Doktor, um einen neuen Verband um diese schrecklichen Rippen zu kriegen. Neulich abends war ich auf einer Opossumjagd, und in der Dunkelheit sind drei von uns in eine Schlucht gerollt. Ich bin ein bißchen wund. Fröhliche Weihnachten, mein Lieber. Verzeih mir meine Eigenheiten, besonders die beim Briefeschreiben. Ich weiß, es ärgert Dich, und es ist im Grunde eine unverzeihliche Unhöflichkeit von mir, aber bitte, Al, versuch mich zu verstehen und schreib mir.

Sag Deiner »Sippe«, daß sie *Deine* College-Karriere eigentlich mit einem Ford-Coupé hätte bereichern können — wie die Deines Bruders! Trotzdem — alles in allem haben wir uns ganz gut gehalten in Hamp, wenn man es recht bedenkt!

Alles Liebe
Peg

*

Die Romanschriftstellerin Margaret Mitchell hätte für die vorhandene Korrespondenz zwischen Peggy und Al kaum einen besseren Schlußsatz wählen können: »Alles in allem haben wir uns gut gehalten in Hamp, wenn man es recht bedenkt!«

Es ist ziemlich sicher, daß sich die beiden noch weitere Briefe geschrieben haben. Al führte einen kleinen Taschenkalender als Tagebuch. Am Sonnabend, dem 11. Februar 1922, schrieb er: »Peggys Tagebuch 1921 und Brief. Las bis ein Uhr nachts darin. Wunderbare, selbstanalytische, phantasievolle Gedanken. Eins der reizendsten, offensten, liebenswertesten Mädchen, denen ich je begegnet bin, nach drei Jahren.«

Margaret spielte ihre Doppelrolle als Hausherrin und sorglose Schönheit des Südens noch bis September 1922. Dann heiratete sie Berrien Upshaw. Al war inzwischen wieder in seine Heimatstadt Pawnee City in Nebraska zurückgekehrt, um das Konfektionsgeschäft seines Vaters zu führen. Zwei Jahre danach heiratete er Helen M. Reavey, mit der er drei Kinder hatte. Er war aktiv in der Kommunalpolitik tätig und wurde Mitglied und Vorsitzender des Stadtrats.

Margarets Freundinnen konnten nicht verstehen, warum sie sich entschlossen hatte, Berrien Upshaw zu heiraten. Eine erklärte, daß »Red« gut ausgesehen und die Figur eines Fußballspielers gehabt habe und daß es eine »wahrscheinlich rein physische Anziehung« gewesen sei. Stephens Mitchell sagte später, daß Margaret »Männer nicht richtig beurteilen konnte«.

Berrien war der älteste Sohn von William F. Upshaw, einem wohlhabenden Versicherungsagenten in

171

North Carolina. Berrien und Margaret hatten eine tragische gemeinsame Erfahrung. Auch seine Mutter war wie die von Margaret während der Grippeepidemie gestorben. Berriens Vater hatte sich wieder verheiratet, und Margaret mochte Berriens Halbbruder, der zur Zeit ihrer Heirat noch ein Kind war, sehr gern.

Die zweite Mrs. Upshaw war von Margarets innerer Ausgeglichenheit und der Effizienz, mit der sie die Hochzeit plante, beeindruckt. Die Hochzeit fand am 2. September 1922 im Haus der Mitchells statt. Brautjungfer war Augusta Edwards. Weitere Hochzeitsgäste waren unter anderen Dot Bates, Winston Withers und Aline Timmons, eine Kusine.

Margaret kam am Arm ihres Vaters in einem traditionellen weißen Satinkleid, das mit Perlen bestickt war, die Treppe herunter. Das Haus war dezent mit weißen Blumen, Stechwinde und Palmen geschmückt; die Braut trug jedoch keinen weißen Blumenstrauß, sondern ein Bukett aus leuchtendroten Rosen.

Das Brautpaar verbrachte seine Flitterwochen im Grove Park Inn in Asheville, North Carolina, und fuhr anschließend nach Raleigh, um die Eltern des Bräutigams zu besuchen.

Als sie nach Atlanta zurückkehrten, zogen sie in das Haus der Mitchells, was für den ohnehin wackligen Frieden dort eine zusätzliche Belastung bedeutete. Margarets Vater und auch ihr Bruder waren über ihre Heirat mit Berrien nicht sehr glücklich, und Berrien, dessen Bemühungen, ihren Lebensunterhalt zu verdienen, fehlschlugen, wurde immer schwieriger. Einige Monate später verließ er das Haus. In *Road to Tara* brachte Anne Edwards die Gerichtsakten von der Scheidung ans Licht der Öffentlichkeit, die eine eidesstattliche Aussage von Margaret enthalten, in der sie angibt, daß Berrien sie anläßlich eines späteren Besuchs schwer geschlagen habe.[44] 1924 wurde Margaret schuldlos von ihm geschieden.

Finis Farr berichtet, daß Margaret sich vor Berrien fürchtete und stets eine geladene Pistole neben sich auf dem Nachttisch liegen hatte, aber Mrs. Upshaw sagte in einem Zeitungsinterview, Margaret hätte ihr in den späteren Jahren geschrieben, um sich nach Berriens Gesundheit zu erkundigen, und dabei auch einmal erwähnt, mit ihm und seiner zweiten Frau zu Abend gegessen zu haben. 1949 verunglückte Berrien Upshaw tödlich bei einem Sturz aus dem Fenster eines Hotels in Galveston, Texas.

Sicher ist jedoch, daß diese Ehe für sie eine schmerzhafte Erinnerung bedeutete. Sie selbst hat in Briefen oder Interviews nie davon gesprochen, und auch Stephens tat alles, um diese Verbindung totzuschweigen.

Genau wie Scarlett ließ auch Margaret den Kopf nicht lange hängen. Im Dezember 1922, kurz nachdem Berrien sie verlassen hatte, ging sie zum *Atlanta Journal*, um sich nach einem Job zu erkundigen. Angus Perkerson, Redakteur des zum *Journal* gehörenden »Sunday Magazine«, stellte sie als Feature-Autorin ein, und Margarets Erfolge bei dieser Tätigkeit wurden von allen, die nach der Veröffentlichung ihres Romans

---

44 Anne Edwards, *Road to Tara* (New Haven and New York, Ticknor & Fields, 1938), S. 102.

Vom Winde verweht über sie geschrieben haben, belegt.

Sie schrieb lebendige Features, Interviews und waghalsige Geschichten. (Eine schildert, wie man sie aus dem sechzehnten Stockwerk eines Bürogebäudes in eine Art »Bootsmannstuhl« geschleudert hatte und was sie dabei empfand.) Ihre Manuskripte, für ihn Musterbeispiel einer direkten und einfachen Prosa, brauchten kaum bearbeitet zu werden. Ihm gefiel auch die Begeisterung und Originalität, die in ihren alten Features noch zu erkennen sind.

Während der Zeit, in der Margaret am *Journal* arbeitete, kam Courtenay zu einem Besuch nach Hause und brachte ihre sechs Wochen alte Tochter[45] mit, die in Atlanta getauft wurde. Margaret war ihre Patentante. Courtenay erzählte, daß sie das Baby mitnahm, wenn sie und Margaret »mit der alten Clique« ausgingen, aber trotz dieses Begleitschutzes mißbilligte Courtenays Stiefvater dieses Verhalten. Er machte sie darauf aufmerksam, daß man »wahrscheinlich darüber reden« würde. Aber das kümmerte Courtenay wenig; sie erklärte, daß sie und Margaret »im Prinzip ziemlich puritanisch« seien. Sie erinnerte sich später auch daran, daß Margaret zwar »die Menschen nie gesucht habe«, daß sie aber in den Jahren beim *Journal* »ziemlich selbstbewußt« geworden sei.

Anscheinend hatte Margaret noch immer ein höllisches Vergnügen an handfesten Späßen. Als ein recht penibler Freund von ihr einmal auf eine ihrer Partys

45 Courtenay McFadyen Leet.

kam, mußte er schockiert feststellen, daß alle Anwesenden damit beschäftigt waren, etwas zu schnüffeln, das wie »Stoff« aussah – Puderzucker, den Margaret in Wachspapier gewickelt hatte.

1924 kamen die McFadyens wieder nach Georgia zurück, wo der Leutnant an der Georgia Military Academy in College Park nicht weit von Atlanta als Ausbilder tätig war.

Courtenay, die in einem Zeitungsartikel als »gebildet, weit gereist und charmant« beschrieben wurde, amüsierte sich auf Teegesellschaften und richtete ihre Wohnung mit handgearbeiteten Möbeln aus Weide und Bambusrohr, bestickten japanischen Wandbehängen, chinesischen Teppichen und Figurinen ein.

Margaret kam einmal zu Besuch und blieb über Nacht, aber Courtenay glaubte, daß ihr die Unterbringung, die die McFadyens für Gäste vorgesehen hatten (Pritsche und Armeedecke), wahrscheinlich nicht besonders zugesagt habe, denn: »Sie ist nie wiedergekommen.« Courtenay behauptete, daß Margaret zwar nicht viel Zeit für sie hatte, daß sie aber, »sooft es ging, zusammen waren«. Eine andere Freundin wußte jedoch zu berichten, daß Courtenay und Margaret »einen Streit gehabt« hätten, daß Margaret darüber »verärgert« gewesen sei, als Courtenay einmal zu einem Mittagessen zu spät erschienen war. Was auch immer der Grund gewesen sein mag, Stephens Mitchell bestätigte, daß sich die beiden im Laufe der Zeit auseinanderlebten.

In Wirklichkeit aber ging Margaret völlig in ihrem Beruf und in ihren gesellschaftlichen Aktivitäten auf, während Courtenay die Frau eines aufsteigenden jungen Offiziers war. Courtenay hatte sich durch die Reisen in den Orient und das Leben auf den Philippinen verändert, wo »Mac« mit dem Prince of Wales bei einem seiner Aufenthalte dort Polo gespielt hatte.

Zu dieser Verschiedenheit der Interessen kam noch, daß Margaret 1924 in eine ernsthafte Liebesbeziehung verwickelt war, die zu ihrer Heirat mit John Marsh führte.

Margaret kannte John damals schon mehrere Jahre. Er war bei ihrer Hochzeit Berrien Upshaws Brautführer gewesen. Margaret gestand Courtenay, daß ihr auf der Stelle klar gewesen sei, den Falschen geheiratet zu haben.

Eine zweite Heirat stellte kein Problem dar, weil Margaret nicht mehr Katholikin war; sie war vor ihrer Ehe mit Berrien Upshaw aus der katholischen Kirche ausgetreten. Als sie und John am 4. Juli 1925 heirateten, fand die Trauungszeremonie in der unitarisch-universalistischen Kirche in der West Peachtree statt.

Margaret, die andere immer gern schockierte, brachte an der Tür zu ihrer Wohnung in der Crescent Avenue zwei Visitenkarten an: Auf der einen stand »John R. Marsh«, auf der anderen »Margaret Munnerlyn Mitchell«.

Trotz Margarets Hang zur Unabhängigkeit führte sie anscheinend eine glückliche und beständige Ehe, die allerdings kinderlos blieb. Auf die Frage, warum ihrer Meinung nach Margaret und John keine Kinder gehabt hätten, erklärte Courtenay, daß Margaret nie darüber gesprochen habe und daß sie nicht wüßte, ob Margaret darüber »froh oder traurig« gewesen sei. Es ist nicht bekannt, ob die Blinddarmoperation, die Margaret 1921 hatte, eventuell dazu beigetragen hat, daß sie keine Kinder bekommen konnte.

Noch vor Margarets Heirat waren Courtenay und Mac in den Westen versetzt worden. Aber vor dem Zweiten Weltkrieg kehrten sie nach Atlanta zurück, und ihre Tochter besuchte dort das Washington Seminary, dieselbe Schule, auf die auch ihre Mutter gegangen war.

Lachend erzählte Courtenay, daß sie, als 1936 *Vom Winde verweht* erschien, ein Exemplar gekauft habe, »um Margaret unter die Arme zu greifen«, ohne auch nur im geringsten zu ahnen, welchen Erfolg ihre alte Freundin damit haben würde.

Courtenays Ehemann gelangte, wie vorauszusehen, zu Amt und Würden. Er stieg bis zum Generalmajor auf und war vor seinem Tod im Jahre 1954 Kommandeur der alliierten Streitkräfte in Triest. Einmal waren er und Courtenay sogar auf dem Schloß einquartiert, in dem Kaiser Maximilian gelebt hatte, bevor er nach Mexiko emigrierte. Nach dem Tod ihres Mannes kehrte Courtenay nach Washington zurück.

Zu diesem Zeitpunkt war Margaret schon tot, nachdem ihr ein betrunkener Taxifahrer, als sie und John auf dem Weg ins Kino eine Straße überquerten, eine lebensgefährliche Verletzung zugefügt hatte. Und es war eine Ironie des Schicksals, daß ausgerechnet Dr. Edwin P. Lochridge jr., der Sohn einer Mitdebütantin, den verletzten Körper der bewußtlosen Margaret versorgte. Er war Arzt im Grady Memorial Hospital und tat an diesem Abend gerade Dienst in der Notaufnahme.

Die weltberühmte Schriftstellerin, von allen, die sie als gute Freundin und hingebungsvolle Ehefrau kannten, geliebt und geschätzt, starb wenige Tage später, am 16. August 1949. Ihr Leichnam wurde neben denen ihrer Vorfahren auf dem Oakland Cemetery beigesetzt. Obgleich die Familie darum gebeten hatte, keine Blumen zu schicken, bekundeten die Insassen des Bundesgefängnisses in Atlanta ihre Verehrung für sie mit einem selbstgefertigten Kranz. »Margaret hat sie oft besucht, um mit ihnen zu reden – nicht als Ausgestoßene, sondern als Männer, die sich im Herzen durch nichts von denen unterscheiden, die frei durch unsere Straßen gehen.«[46]

Es ist müßig, Spekulationen darüber anzustellen, was in Allen Edees Kopf vorgegangen sein mag, als er von Margarets Tod erfuhr. Ihre Wege hatten sich schon vor so langer Zeit getrennt, und wahrscheinlich sah er sie in Gedanken noch immer als niedliche kleine Achtzehnjährige vor sich. Und sie – hatte sie den dunkelhaarigen Allen Edee vor Augen, als sie ihren dunkelhaarigen Helden Rhett Butler schuf?

Wir werden es nie erfahren. Margaret schrieb, daß Rhett »für eine bestimmte Einstellung und Denkweise der sechziger Jahre ziemlich typisch« gewesen sei, daß sie sich Hunderte von Daguerreotypien angesehen hätte und daß »sogar sein Aussehen typisch« gewesen sei.

46 *Atlanta Constitution*, 19. August 1949.

Alle handelnden Personen »sind in meinem Kopf ent-
standen . . .«,[47] sagte sie.

Daran besteht gewiß kein Zweifel. Dennoch – im
Verlauf ihres Schaffens werfen die Schriftsteller viele
Zutaten in einen großen brodelnden Topf, Menschen
und Orte, real oder erdacht, und dann vermischen sie
alles gründlich. Und wenn man es später genau durch-
forscht und das Reale vom Fiktiven zu trennen versucht, stellt man fest, daß gerade die Umsetzung vom
einen ins andere den künstlerischen Wert eines Stoffes
ausmacht.

47 Harwell, S. 32, 43. Margaret fügte noch hinzu, daß das »kleine schwarze
Hausmädchen Prissy« nicht erfunden sei.

Bibliographie

Archivquellen

Atlanta Historical Society
   Augusta Dearborn Edwards Collection
   James P. Edee Collection
   Margaret Mitchell Marsh Collections
   Road to Tara, Anne Edwards Collection
   Washington Seminary Yearbooks
   Willis Timmons Family Papiers
Georgia Institute of Technology, Alumni Records
Sigma Ny Fraternity Archives
Smith College, The Archives
University of Georgia Libraries
   Margaret Mitchell Marsh Collection
Westminster Schools, Alumni Records

Bücher

Atlanta City Directories, 1919–1922.

Farr, Finis, *Margaret Mitchell of Atlanta*, New York: William Morrow & Co., 1965.

Garret, Franklin M., *Atlanta and Environs*, 3 Vols., New York: Lewis Publishing Co., Inc., 1954.

Harwell, Richard, *Margaret Mitchell's »Gone With the Wind« Letters, 1936–1949*, New York: Macmillan Publishing Co., Inc., und London: Collier Macmillan Publishers, 1976.

Margaret Mitchell of Atlanta, Atlanta Public Library memorial publication, 1954.

Edwards, Anne, *Road to Tara*, New Haven und New York, 1983.

Shavin, Norman, und Sharter, Martin, *The Million Dollar Legends: Margaret Mitchell and Gone With the Wind*, Atlanta: Capricorn Corp., 1974.

Interviews

Anderson, Dr. Thomas; Atlanta, Georgia, 28. Oktober 1980.

Caulkins, Robert S.; Cleveland, Ohio, 11. September 1980.

Edwards, Augusta Dearborn; Atlanta, Georgia, 26. Juni 1980.

Lochridge, Lethea Turman; Atlanta, Georgia, 2. und 30. September 1980.

McClesky, Elizabeth Shewmake; Atlanta, Georgia, 24. September 1980.

McFadyen, Courtenay Ross; Blue Ridge Summit, Pennsylvania, 17. September 1980.

Mitchell, Stephens; Atlanta, Georgia, 4. März 1981.

Timmons, Mrs. Carolyn; Atlanta, Georgia, 22. Juli 1981.

Timmons, Willis jr.; Atlanta, Georgia, 8. August 1980.

Weil, Al. Sigmund; Selma, Alabama, 4. November 1980.

Nachrichtenmagazine und Zeitschriften

Edwards, Augusta Dearborn, »My Most Unforgettable Charakter«, *Reader's Digest*, März 1962, S. 117–121.

Harwell, Richard Barksdale, »A Striking Resemblance to a Masterpiece – Gone With the Wind in 1936«, *Atlanta Historical Journal* 25 (Sommer 1981), S. 21–38.

Howland, William S., »Peggy Mitchell, Newspaperman«, *Atlanta Historical Bulletin* 9 (Mai 1950), S. 47–64.

Key, William, »Margaret Mitchell and Her Last Days on Earth«, *Atlanta Historical Bulletin* 9 (Mai 1950), S.108–127.

Marsh, John R., »Margaret Mitchell and the Wide, Wide World«, *Atlanta Historical Bulletin* 9 (Mai 1950), S. 32–44.

McKay, Blyth, »Margaret Mitchell in Person, and Her Warmth of Friendship«, *Atlanta Historical Bulletin* 9 (Mai 1950), S. 100–107.

Mitchell, Peggy, »Georgia Generals for Stone Mountain Memorial«, *Atlanta Historical Bulletin* 9 (Mai 1950), S. 67–92. Reprint from *Atlanta Journal Sunday Magazine*, 29. November 1925.

Mitchell, Stephens, »Margaret Mitchell and Her People in the Atlanta Area«, *Atlanta Historical Bulletin* 9 (Mai 1950), S. 5–26.

Taylor, A. Elizabeth, »Women Suffrage Activities in Atlanta«, *Atlanta Historical Journal* 23 (Winter 1979), S. 45–54.

Zeitungen

Atlanta Constitution, Bound Volumes, Atlanta Historical Society, 1919, 1920, 1921.

Atlanta Constitution, 19. August 1949.

Atlanta Journal, 10. Juni 1964.

Atlanta Journal and Constitution Magazine, 16. Mai 1954.

Buckhead Atlanta, 22. Juni 1978.

Unveröffentlichte Manuskripte

Lochridge, Lethea Turman. Scrapbook.

McFadyen, Courtenay Ross. Handgeschriebene Memoiren, 17. September 1980 und 24. Februar 1981. Brautbuch und Notizbuch.

183

Margaret Mitchell an Allen Edee

Margaret Mitchell an Courtenay Ross

Nina Berberova

Der Lakai und die Hure

Roman, 104 Seiten, Leinen gebunden, Schutzumschlag

Die junge Russin Tania gerät auf ihrer Suche nach
dem wahren Leben, dem wirklichen Glück, von St. Petersburg
zunächst nach Japan, dann – mittlerweile verheiratet –
nach Shanghai und schließlich nach Paris, wo sie nach dem
schnellen Tod ihres Ehemanns auf sich selbst gestellt
zurückbleibt. Voller Hoffnung, getrieben von ihrem Glauben an
eine lebenswerte Zukunft, läßt sie sich – mittellos, ohne
französische Sprachkenntnisse, ohne feste Arbeit – auf
wechselnde Männerbekanntschaften ein. Mit dem als Kellner
arbeitenden ehemaligen Leutnant Bologowskij zieht sie
zusammen in ihr karges, ärmliches Hotelzimmer – er glaubt,
in ihr ein Stück Heimat gefunden zu haben, sie glaubt noch
immer an ihre Zukunft. Doch in dem grauen, immergleichen
Alltag neben ihm verliert sie ihre Hoffnung, verbringt
ihre Zeit in Depression und Überdruß, bis ihre Beziehung
zu Bologowskij eine grausame, verzweifelte Wendung erfährt.
Ein Roman, der, eindringlich und unerbittlich in seiner
Konsequenz, das Leben als unstillbaren Hunger nach Glück und
das Scheitern dieser Jagd beschreibt. Nina Berberova erweist
sich erneut als eine Künstlerin der sparsamen Skizze und
der Fähigkeit des Verschweigen-Könnens, der es gelingt, auf
kleinstem Raum ein ganzes Menschenschicksal erstehen
zu lassen. Mehr noch: Wie sie mit dem individuellen Schicksal
der lebens- und liebeshungrigen Tania zugleich die Motive
von Heimat und Flucht, Emigration und Fremdheit
verknüpft und damit dieses kleine Leben historisch überhöht,
das macht diesen Roman zu einem unvergleichlichen
Stück Weltliteratur.

Claassen

Postfach 30 03 21, 4000 Düsseldorf 30

neue frau

Eine
Auswahl

ro ro ro

C 912/10

neue frau

C 912/11 a

neue frau

Kerstin Thorvall
Die Verschwundene
Roman (12180)

Märta Tikkanen
Wie vergewaltige ich einen Mann?
(4581)
**Die Liebesgeschichte des Jahr-
hunderts**
Roman in Gedichten (4701)
Aifos heißt Sofia
Leben mit einem besonderen Kind (5166)
Der Schatten, unter dem du lebst
Eine Erzählung in Gedichten (5558)
**Ein Traum von Männern, nein,
von Wölfen**
Roman (5946)

Esther Tusquets
Die Liebe ist ein einsames Spiel
Roman (4989)

Alice Walker
Die Farbe Lila
Roman (5427)

Fay Weldon
**Briefe an Alice oder Wenn du
erstmals Jane Austen liest** (5896)

Maria Wimmer
Kindheit auf dem Lande (4291)

Eine
Auswahl

Andrea Wolfmayr
Spielräume
Roman (5335)

Sandra Young
Ein Rattenloch ist kein Vogelnest
Eine Jugend in den Slums von Baltimore
(5188)

rororo

C 912/10 e